WISSENSCHAFTLICHE BEITRÄGE AUS DEM TECTUM VERLAG

Reihe Anglistik

WISSENSCHAFTLICHE BEITRÄGE AUS DEM TECTUM VERLAG

Reihe Anglistik

Band 7

Renate Laszlo

Der altenglische Gelehrte Alkuin von York und seine Zeit

Tectum Verlag

Renate Laszlo

Der altenglische Gelehrte Alkuin von York und seine Zeit.
Wissenschaftliche Beiträge aus dem Tectum Verlag:
Reihe: Anglistik; Bd. 7

ISBN: 978-3-8288-4122-2
eISBN: 978-3-8288-6965-3
ISSN: 1861-6859

Umschlagabbildung: Der junge Rabanus Maurus (links), unterstützt von seinem Lehrer Alkuin, dem Abt des Stifts St. Martin zu Tours (Mitte), überreicht dem Heiligen Martin, Erzbischof von Tours, (rechts) sein Werk *De laudibus sanctae crucis*. Darstellung in einem Manuskript aus Fulda um 830/40 (Wien, ÖNB cod. 652, fol. 2v)

Printed in Germany

Besuchen Sie uns im Internet
www.tectum-verlag.de

Bibliografische Informationen der Deutschen Nationalbibliothek
Die Deutsche Nationalbibliothek verzeichnet diese Publikation in der Deutschen Nationalbibliografie; detaillierte bibliografische Angaben sind im Internet über http://dnb.ddb.de abrufbar.

Inhaltsverzeichnis

Einleitung

Der Todestag des nordhumbrischen Poeten Alkuin oder Alcuin ist nach allgemeinem Konsens der 19. Mai des Jahres 804 nach Christus oder der alten Inkarnationszeit. Ausgehend von diesem Datum und anderen Gegebenheiten wird sein nicht überliefertes Geburtsjahr in das vierte Jahrzehnt des achten Jahrhunderts datiert. Donald Bullough schätzt es auf 731, Stephen Allott auf 732 und Richard Fletcher auf 740 alter Inkarnationszeit. Nimmt man den Mittelwert dieser kontroversen Schätzungen, so wird er ungefähr 735 geboren, dem gleichen Jahr, in dem Beda stirbt. Nach einem in Vers 1635/36 geschilderten Ereignis hält Peter Godman unter Vorbehalt gewisser Voraussetzungen auch ein Geburtsjahr zwischen 737/8 oder 745/6, also bis zu einem Jahrzehnt später als allgemein angenommen, für möglich (Fußnote, S. 133).

Alkuin selbst sagt nichts über das Jahr seiner Geburt, die Zeit seiner Kindheit oder Jugend und auch die auf hagiographischer Basis im ersten Drittel des 9. Jhs. komponierte anonyme *Vita Alcuini* trägt wenig zur Aufhellung seines Lebens bei. Aus der Alkuins Werk innewohnenden Liebe zu seiner Heimat lässt sich analog der Biografie Bedas erschließen, dass Alkuin in York oder Umgebung zur Welt kommt, ab dem siebten Lebensjahr in einer nordhumbrischen Klosterschule erzogen wird und nach dem Abschluss seiner Studien mit dem Schreiben beginnt. Nach allgemeiner Lehrmeinung schreibt er das in Rede stehende Gedicht über York um oder nach 780/2 alter Inkarnationszeit, also mitten in der nichtexistenten Phantomzeit.

Während des Mittelalters ist Alkuin sowohl in England als auch auf dem Kontinent unbekannt und seine lateinischen Schriften werden nicht beachtet. 1672 wird zum ersten Mal etwas von ihm gedruckt. Ende des 18. Jhs. sind seine Dichtungen aufgearbeitet und Frobenius Forster, Abt von Sankt Emmeram in Regensburg, liefert 1777 eine Ausgabe seiner lateinischen Werke in zwei Bänden, die 1851 von Migne in Paris als Band 100 und 101 in *Patrologiae cursus completus* abgedruckt werden; 1873 erscheinen Alkuins Briefe von Jaffé in Berlin als Band 6 in *Bibliotheca rerum germanicarum.*

Alles was von Alkuins Arbeiten zur Bibelexegese, an Heiligenviten, Homilien und Gedichten, in seinen Beiträgen für den philosophischen, grammatischen, mathematischen und rhetorischen Anfangsunterricht, in seinen Briefen und vor allem in seiner literarischen Ausarbeitung über die „Bischöfe, Könige und Heiligen der Kirche von York" erhalten ist, schreibt er ausschließlich als Studienmaterial für die Schüler der Klosterschule.

Nach dem Wiederaufleben seiner Dichtungen im 18. Jh. nehmen die Interpreten das, was Alkuin schreibt, für bare Münze und versuchen, Alkuins Leben und Wirken aus seinen Werken abzuleiten, was auch Peter Godman in der Einleitung auf Seite XXXVIII bestätigt. Man realisiert nicht, dass Alkuins Gedichte dafür nicht geeignet sind und ganz besondere Vorsicht bei der Auswertung seiner mehr als 300 hinterlassenen Briefe geboten ist, da es sich dabei um eigens für den lateinischen Unterricht entworfene Muster mit erfundenen Inhalten und imaginären Adressaten handelt, die niemals abgeschickt wurden.

Dadurch wird über den Autor und seine Zeit ein Geschichtsbild entworfen, das unzutreffender und widersprüchlicher überhaupt nicht sein kann. Das absurde Ergebnis der verfehlten Interpretation über Alkuin gipfelt in seiner angeblichen Zusammenarbeit mit dem fiktiven Karl dem Großen, dem der Autor seine allgemeine Popularität und seinen Bekanntheitsgrad in der Neuzeit verdankt, was auch aus der Biografie *Karl der Grosse und seine Zeit* von Donald Bullough 1966 (deutsch von Ursula Heilmann 1967) und der fast unübersehbaren Sekundärliteratur der letzten zwei bis drei Jahrhunderte ersichtlich ist.

Der altenglische Gelehrte Alkuin von York und seine Zeit

Alkuins Gedicht über die Kirche von York

Die aus 1658 lateinischen Hexametern bestehende Dichtung ist in einer anonymen und nicht datierten Kopie überliefert, die im 17. Jh. in einem Sammelmanuskript des Klosters Saint-Thierry bei Reims in Frankreich von dem Benediktiner **Christopher Daubin** entdeckt wird.

Jean Mabillon erkennt eine teilweise inhaltliche Orientierung des Textes an Bedas *Historia Ecclesiastica Gentis Anglorum* und publiziert 1672 unter dem Titel *Fragmentum Historiae de Pontificibus et Sanctis Ecclesiae Eboracensis Scriptae a Poeta Anonymo* die Zeilen 1–98 (unter Auslassung von Zeile 66) und 1205–1658 des Gedichts, die seiner Meinung nach **keine** Entsprechung bei Beda haben. Bezüglich des Autors tappt Mabillon noch im Dunkeln. Aufgrund des Inhalts vermutet er zwar als Verfasser einen Schüler des im Gedicht genannten, nur durch Alkuin bekannten Erzbischofs Ælberctus von York, aber der Name des Autors ist ihm nach dem jahrhundertelangen Schweigen über Alkuin noch nicht geläufig.

Der erste Druck des vollständigen Gedichts, die so genannte *Editio princeps*, wird 1691 unter dem Titel *Versus de Patribus Regibus et Sanctis Euboricensis Ecclesiae* von **Thomas Gale** unter Assistenz von **Thierry Ruinart** herausgegeben. Gale sagt im Vorwort, dass seine Ausgabe auf das neunzehn Jahre vorher von Jean Mabillon gedruckte Fragment aufbaut. Er ist der erste, der die Dichtung Alkuin zuordnet, dessen Autorschaft bis heute von niemand bestritten wird. Das ergäbe ohnehin keinen Sinn, denn einer muss den überlieferten Text verfasst haben und es ist bis jetzt kein anderer Autor im Wettbewerb.

Durch einen Schriftvergleich mit Briefen an Thomas Gale lässt sich ermitteln, dass der Teil des Gedichts, den Mabillon 1672 **nicht** druckt, von Thierry Ruinart für die *Editio princeps* kopiert wird. Gale selbst hat nach unserem Wissen England nie verlassen und demzufolge die Handschrift in Frankreich auch nicht zu Gesicht bekommen.

Während Mabillon von **einer** Handschrift ausgeht, erwähnen Gale und Ruinart befremdlicherweise **zwei** überlieferte Manuskripte und zwar einerseits die von Mabillon verwendete Kopie von Saint-Thierry und andererseits eine weitere von Mabillon nicht erwähnte und auch nicht mehr existierende von Saint-Remy, so dass der Eindruck entsteht, der Text der *Editio princeps* basiere auf zwei mittelalterlichen Kopien. Ob es ein zweites Manuskript gab, kann bis heute nicht abschließend geklärt werden, zumal außer Mabillon und Gale auch Daubin und Ruinart in die Editionsgeschichte involviert sind, von denen jeder seinen Teil dazu beigetragen hat, Mabillon und Gale als Herausgeber, Daubin als Entdecker des Texts in dem Sammelmanuskript in Saint-Thierry und Ruinart als Kopist des Teils des Gedichts für die offizielle Erstausgabe, den Mabillon in seinem Fragment nicht gedruckt hat.

Die Frage nach der von Gale und Ruinart erwähnten zweiten Kopie ist deshalb heute noch relevant, weil Mabillon angibt, das überlieferte Manuskript trage den Originaltitel *Historia anglica carmine heroico a quodam sapiente facta,* der aber in der Handschrift von Saint Thierry nicht enthalten ist. Dieser irreführende Sachverhalt lässt sich klären, wenn man davon ausgeht, dass für Mabillons Druck in 1672 eine Abschrift angefertigt wird, die der Kopierer mit der in Rede stehenden Überschrift kennzeichnet, die Jean Mabillon dann als den Originaltitel erachtet. Bezüglich der Erwähnung eines zweiten Fundortes ist es durchaus verständlich, dass einer der Beteiligten, am ehesten Ruinart, Saint-Thierry mit dem ähnlich klingenden Saint-Remy verwechselt.

Seit der Publikation der *Editio princeps* 1691 gibt es bis zu der verdienstvollen Ausgabe mit Übersetzung in das Englische von **Peter Godman** 1982 keine wesentlich neuen Erkenntnisse über Alkuins Gedicht über die Bischöfe, Könige und Heiligen der Kirche von York.

Die Geschichte Yorks während der Römerzeit

Das Gedicht eröffnet mit der Anrufung und Lobpreisung Christi, der einzigen Stimme des Schöpfergottes, und seiner Heiligen und der Bitte um Gewährung göttlicher Erleuchtung und heiliger Inspiration. Alkuins Augenmerk gilt der in Nordhumbrien gelegenen, von den Römern gegründeten, mit hohen Wällen gesicherten und erhabenen Türmen bestückten Stadt York, die sich gemäß Alkuin zur Zeit der Zugehörigkeit der fruchtbaren Provinz Britannien zum römischen Weltreich, dank der Unterstützung der britannischen Stammeskönige durch die römischen Soldaten und Verwaltungsbeamten, zu einem Herrschaftsgebiet und Schmuckstück des *Imperium Romanum,* einem internationalen Handelszentrum zu Wasser und zu Land für die (damals bekannte) Welt, sowie zu einer furchterregenden Bastion gegen feindliche Angriffe und gleichzeitig zu einem sicheren Zufluchtsort für meerestaugliche Schiffe aus den fernsten Häfen entwickelt.

Alkuin berichtet, dass sich entlang der Ufer der fischreichen Ouse, die durch York fließt, blumenüberladene Felder vor einer herrlichen Landschaft aus Hügeln und Wäldern erstrecken und dieser gesunde, wunderschöne Platz in der ansprechenden Umgebung geeignet ist, durch seinen Reichtum viele Siedler und Königreiche aus aller Welt anzuziehen.

Der Niedergang des *Imperium Romanum* erfordert 407/10 nach Christus den Abzug der römischen Truppen aus Britannien. Mit den Soldaten und Verwaltungsbeamten verlassen auch die von den Römern zur Verteidigung der Grenzen der römischen Provinz, besonders des inzwischen in die Jahre gekommenen Hadrianswalles, eingesetzten alemannischen Hilfstruppen das Land.

Alle Bemühungen der Britannier, weiterhin einen umfassenden Schutz und militärische Hilfe von Rom zu erhalten, sind vergeblich. Kaiser Honorius möchte zwar die Kolonie Britannien nicht aufgeben, ist aber aus der Situation Roms heraus gezwungen, den britischen Städten und Gemeinwesen in einem Brief zu empfehlen, selbst für die eigene Sicherheit und Verteidigung Sorge zu tragen (*Laszlo* 1996, S. 7–10). Die sich wie auf einem Präsentierteller darbietende, vom Meer umgebene Insel mit den von Alkuin beschriebenen fruchttragenden Feldern und fischreichen Gewässern, aber auch mit der von den Römern in vier Jahrhunderten geschaffenen Infrastruktur, die Alkuin nicht erwähnt, mit drei befestigten Straßen von Süd nach Nord durch das Land und nicht zuletzt mit der praktizierten Bauweise der Befestigungsanlagen und sonstigen Gebäude aus Stein locken die Begierde vieler Abenteurer aus Skandinavien oder vom europäischen Festland an.

Einladung der Sachsen zur Waffenhilfe

Gemäß Alkuins Bericht versuchen vor allem die Pikten aus dem angrenzenden Schottland immer wieder, das Land zu erobern. Den saumseligen Bewohnern Britanniens, die sich dank der römischen Truppen, lange nicht um die Verteidigung oder Befriedung des Landes kümmern mussten, droht in den nicht endenden Kämpfen mit den Pikten eine Niederlage und die Sklaverei, da sie nicht in der Lage sind, ihr Vaterland zu schützen und mit dem Schwert die Freiheit, an der sich ihre Vorväter erfreuten, zurück zu gewinnen.

Um der trostlosen und existenzgefährdenden Lage zu begegnen, versuchen die britannischen Stammeskönige mit dem Einverständnis ihrer Untertanen, einen alten germanischen Volksstamm aus den äußeren Königreichen Germaniens (est antiqua Germaniae populos gens inter et extera regna), dessen Angehörige wegen ihrer widerstandsfähigen und robusten Eigenschaften den Beinamen oder Spitznamen (*cognomen*) **Saxi** (Plural von lateinisch *saxum: Stein, Felsen, Felsgestein*) tragen, zur Waffenhilfe gegen die unablässig angreifenden Feinde zu gewinnen. Von der Angst getrieben, mit Tränen in den Augen, Versprechungen und kostbaren Geschenken schicken sie in den vierziger Jahren des 5. Jhs. Boten auf das Festland, um die krieglustigen und kampferprobten Sachsen zum Schutz ihres Vaterlandes anzuwerben. Die lassen sich das nicht zweimal sagen, sondern eilen über das Meer den Britanniern zu Hilfe gegen die barbarischen Pikten.

Ob Beda die für die Klosterschüler zweifellos interessante Version über die Herleitung des Namens der Sachsen kennt und sie in der *Historia Ecclesiastica Gentis Anglorum* nur deshalb nicht bringt, weil sie nicht in sein Konzept passt, lässt sich nicht sagen. Beda bezeichnet die vom europäischen Festland nach Britannien kommenden Germanen nicht als *Saxi,* sondern vornehm als *Saxones* oder *Antiqui Saxones* (Sachsen oder Altsachsen). Auch Alkuin nennt die Sachsen an keiner anderen Stelle des Gedichts *Saxi,* sondern stets – wie Beda – *Saxones,* so in Zeile 123, 482 oder 1050.

Beda führt die Sachsen gemeinsam mit den Angeln als *gens Anglorum siue Saxonum* „Stamm der Angeln oder Sachsen“ ein (I/15, S. 58). Es fällt auf, dass er das Wort Volksstamm (*gens*) im Singular und nicht im Plural gebraucht, und nicht Angeln **und** Sachsen schreibt, sondern alternativ Angeln **oder** Sachsen. Die Ausdrucksweise Bedas scheint Alkuins Mitteilung zu stützen, dass es sich bei den Angeln oder Sachsen um den gleichen Stamm handelt, dessen Angehörige neben dem Stammesnamen wegen ihrer Unnachgiebigkeit und Härte den Spitznamen tragen, zumindest spricht sie nicht dagegen.

Alkuins Version kann auch als Erklärung dienen, dass Britannien im 5. Jh. von dem offiziellen Stammesnamen der germanischen Invasoren den Namen England erhält, die Königreiche im Süden des Landes aber nach dem Beinamen ihrer jeweiligen Ansiedler und ihrer Lage „West-, Süd-, Ostsachsen“ (*Wessex, Sussex, Essex*) genannt werden.

Beda berichtet, dass sich die Ankömmlinge aus Germanien nach der Ankunft in Britannien und der Zuweisung von Wohnplätzen sofort daran machen, die Pikten aus dem Land zu treiben. Danach kommt eine noch größere Flotte mit einer stärkeren Abteilung von Kriegern an Bord vom Festland und landet an der Küste Britanniens.

Erst nach dieser Mitteilung beginnt Beda zu spezifizieren und führt die drei starken Völker auf, von denen die Festlandsgermanen stammen, das sind die Sachsen, Angeln und Juten (*Aduenerant autem de tribus Germaniae populis fortioribus, id est Saxonibus, Anglis, Iutis*), was so interpretiert wird, dass die Jüten bei der ersten Ankunft der Germanen in Britannien noch nicht dabei sind, sondern sich dem Zug erst später anschließen.

Die Gäste aus Germanien erkennen schnell die oben beschriebenen paradiesischen Lebensbedingungen in Britannien und lassen ihre Familienangehörigen nachkommen, so dass das Gebiet, das die Altsachsen auf dem Festland bewohnten, teilweise entvölkert wird und für neue Siedler aus dem Osten Platz macht. Die Angelsachsen fordern mehr Sold und Zugeständnisse, die aber die Britannier ihnen nicht zugestehen wollen oder können. In dem daraus entstehenden Konflikt richten die angelsächsischen Invasoren das Schwert gegen die Verbündeten und treiben die Bewohner aus ihren angestammten Königreichen.

Wie grausam die Germanen gegen die einheimische Bevölkerung vorgehen, übernimmt Beda in einer abgemilderter Form der mehr als zweihundert Jahre vorher von dem britannischen Historiker Gildas verfassten Chronik über den Untergang und die Eroberung Britanniens (*De excidio et Conquestu Britanniae*), die in zwei Kopien aus dem 13. und 14./15. Jh. in der Universitätsbibliothek in Cambridge erhalten ist.

Gildas wird im 5. Jh. geboren und lebt noch in der Konvention des römisch-britannischen Bürgertums, das seit dem zweiten Jahrhundert durch die römische Besatzung mit dem Christentum bekannt ist. Er ist empört über das Unrecht, mit dem sich die Eindringlinge das Land aneignen, entsetzt über ihre Barbarei, Bestialität und Inhumanität, die er als Zeitgenosse oder sogar Augenzeuge miterlebt und schreibt sich seinen emotionalen Frust von der Seele. Die heidnischen Invasoren bezeichnet er als Galgenstricke mit dem lateinischen Schimpfwort *furciferi,* das die Römer für ihre aufsässigen oder arbeitsscheuen Sklaven benutzen, denen sie zur Bestrafung ein Gabelholz auf den Rücken binden (*Laszlo,* 1996, S. 16).

Zu spät erkennen die Britannier, dass sie mit der Einladung der Sachsen zur Waffenhilfe gegen die Pikten den Bock zum Gärtner gemacht und ihren eigenen Untergang bewerkstelligt haben, was Alkuin und auch Beda, als Nachfahren der Angelsachsen, allerdings höflich und diskret verschweigen oder zu beschönigen versuchen.

Die Christianisierung der Angelsachsen

Alkuin lobt die Angelsachsen über alle Maßen und stellt die widerrechtliche Vertreibung der Einwohner Britanniens aus ihren angestammten Wohnsitzen als die Ausführung einer von Gott gewollten Aktion dar. Gott, der Herr, soll beschlossen haben, dass die Britannier wegen ihrer Sünden und ihres Ungehorsams ihre Königreiche verlieren und die glücklicheren Angelsachsen, die das Wort Gottes befolgen (werden), dazu bestimmt haben, seinen Willen auszuführen, in die britannischen Städte einzuziehen und aus den eigenen Reihen mächtige Könige hervorzubringen. Mit dieser trivialen Schilderung versucht Alkuin, die Siege der Angelsachsen und die grausame Vertreibung der britannischen Bewohner zu rechtfertigen.

Die Version, dass Gott die Britannier mit dem Verlust ihrer Heimat bestrafen will und die Angelsachsen ihm dazu als Werkzeug dienen, übernimmt Alkuin zwar von Beda, aber er intensiviert und übertreibt, was verständlich ist, da er mit der Dichtung nicht nur das Christentum bei den Schülern stärken, sondern auch die gemeinsamen Vorfahren und das heimatliche York in einem günstigen Licht zeigen will.

Ohne die Mission der irischen Kirche und die Bemühungen ihrer Bischöfe, das Christentum nach Nordhumbrien zu bringen, auch nur mit einem Wort zu erwähnen, schildert der römische Erzkatholik Alkuin die Christianisierung Nordhumbriens durch die römische Kirche unter der Schirmherrschaft von Papst Gregor dem Großen, dem universal von aller Welt verehrten Oberhirten von Rom, der, wie Alkuin ausführlich belehrt, nicht nur gründlich und mit großem Engagement die Felder Christi in Italien bestellt, sondern den Samen des Christentums für das ewige Leben auch mannigfach überall in der Welt ausstreut und seine Missionare sogar über den Ozean nach England schickt, um das Gotteswort in die Herzen der heidnischen Anwohner des Meeres einzupflanzen.

Aus politischen Gründen muss **Edwin** als designierter König von Nordhumbrien nach dem plötzlichen Schlachtentod seines Vaters das Land verlassen. Eine nächtliche Vision während seines Exils trägt dazu bei, dass er nach seiner Rückkehr und Thronbesteigung zum Christentum übertritt, dem römischen Missionar **Paulinus** den ersten Bischofssitz in York einrichtet und sich mit seinen Angehörigen und seinem Volk zu Ostern 627 taufen lässt. Sechs Jahre später erfährt die römische Kirche in York durch Edwins Tod in einer Schlacht einen jähen Rückschlag. Bischof Paulinus geht mit der Witwe und den Kindern des Königs nach Kent zurück und übernimmt das vakante Bischofsamt in Rochester. Dort erreicht ihn 634 nachträglich das Pallium für die Ernennung zum ersten Erzbischof von York.

Nach Bedas *Historia Ecclesiastica* nimmt das römische Christentum in Nordhumbrien unter den auf Edwin folgenden nordhumbrischen Königen **Oswald, Oswiu, Ecgfrith** und **Aldfrith** sowie den nach einer Pause von mehr als drei Jahrzehnten auf Paulinus folgenden, schon in Nordhumbrien geborenen und erzogenen Bischöfen **Wilfrid,**

Bosa, Wilfrid II. und **Johannes von Beverly** einen ständigen Aufschwung.

Ohne selbst Jahreszahlen oder Daten zu nennen, bearbeitet Alkuin die chronologischen Aufzeichnungen Bedas für den Unterricht in der Klosterschule selektiv in seinem Gedicht über die Kirche von York und erweitert sie durch interessante Details, zusätzliche dramatische Prophezeiungen, utopische Visionen und bewirkte Wunder, um sie in kontinuierlich fließenden Versen entlang der von Beda vorgegebenen Zeitachse in den Ablauf der Geschichte zu integrieren. Beda ist ein **Geschichts**schreiber, Alkuin ein **Geschichten**schreiber.

Bischof Wilfrid von Nordhumbrien

Alkuin will in seinem Gedicht den Klosterschülern die Könige von Nordhumbrien und die Bischöfe von York nahe zu bringen, wie er in einer Grußadresse an das junge Volk von York selbst ausdrücklich betont. Personen oder Ereignisse aus anderen englischen Königreichen erwähnt er überhaupt nicht oder nur am Rande, es sei denn, seine Landsleute spielen dabei eine Rolle.

Ab Zeile 577 beginnt Alkuin mit dem durch das himmlische Licht des allmächtigen Gottes erleuchteten, durch seine Tugenden und Taten weit und breit in aller Welt berühmten nordhumbrischen Bischof **Wilfrid I.,** der die bösen Schatten der Ignoranz aus dem ganzen Land vertreibt und das Licht und die Lehren der ewigen Erlösung in vielen Orten unter die Völker und Nationen ausstreut.

Alkuin lässt einiges aus Wilfrids facettenreichem Leben aus, erwähnt beispielsweise nicht, dass er als junger Priester 664 maßgeblich an der Synode von Whitby teilnimmt und dort mit seiner Sprachgewandtheit der römischen Kirche gegenüber der irischen zum Durchbruch verhilft, sondern konzentriert sich auf Wunder und vor allem auf Wilfrids Bemühungen, mit heiligen Lehren die Südsachsen zum christlichen Glauben zu führen und dieses Volk vor einem traurigen Schicksal und dem schrecklichen Tod der Seele zu bewahren. Er erzählt, dass sich die Menschen in Sussex nach einer dreijährigen Dürre ohne Tau oder Regen, in der die Erde austrocknet und keinerlei Nahrung für Mensch oder Tier hervorbringt, aus Verzweiflung massenhaft von hohen Kliffs stürzen, um Selbstmord zu begehen, während sich andere zwischen die wirbelnden Wellen werfen, um sich durch einen schnellen Tod von einem langen Leiden zu befreien.

Nachdem Bischof Wilfrid den hoffnungslosen Südsachsen das Wort Gottes verkündet und sie getauft hat, bringt eine Meeresbrise ruhige Schauer, so dass mit blühenden Feldern und ertragreichen Ernten die Schönheit in das Land zurückkehrt und die Menschen sich mit Körper und Seele an dem lebendigen Gott erfreuen können.

Nach der Taufe der Südsachsen will der eifrige Bischof schnell nach Rom eilen, wird aber durch einen ungünstigen Wind mit seinem Schiff nach Friesland verschlagen, wo er ein reiches Betätigungsfeld vorfindet und Tausende von Menschen zum Christentum bekehrt.

Als er danach erneut zu dem angestrebten Ziel aufbrechen will, wird er von einer akuten Krankheit befallen, die viele Tage lang immer schlimmer wird, bis sein geschwächter Körper die Grenze des Erträglichen erreicht. Vier Tage liegt er halbtot danieder, ist ohne Bewusstsein, kann sich kaum bewegen und nur schwach atmen. Die Schüler und Gefährten stehen jammernd und weinend, den Tod ihres Vaters beklagend, um ihn herum.

Am fünften Tag erwacht er plötzlich aus dem Koma, setzt sich auf, blickt sich um, starrt auf seine Begleiter, fragt verwundert, was für einen Grund es zu solch einer wilden Trauer gibt und erzählt, dass der allmächtige Richter dem, den er auserwählt, Gnade erweisen und den Tod in eine Wiedergeburt umwandeln kann. Er habe ihm in seiner Barmherzigkeit einen ganz in Weiß gekleideten Boten mit einem ernsten Gesichtsausdruck von den Sternen geschickt, der ihm folgende Voraussage machte: Gott auf dem höchsten Thron schickt mich, Michael, um dir, Wilfrid, zu sagen, dass du von der Krankheit genesen wirst. Unsere heilige Mutter Maria auf ihrem himmlischen Thron hat die Trauerbekundungen und Bitten deiner Gefährten erhört und sich durch Fürsprache und Gebete für deine Heilung und dein Weiterleben eingesetzt. Nichtsdestotrotz sei aber vorbereitet. Heute in vier Jahren werde ich dich wieder besuchen. Dann wirst du in Frieden an den Küsten deines Heimatlandes sterben.

Alkuin übernimmt von Beda die Schilderung der Christianisierung der Südsachsen mit dem von den Bewohnern lange ersehnten Regen. Für das einprägsame Wunder der Wiedererweckung des an der

Schwelle des Todes stehenden Bischofs und die Erscheinung mit dem Erzengel Michael sowie dessen Prophetie, ändert er aber Ort und Zeitpunkt.

Nach Beda setzt Wilfrid nach der Christianisierung der Südsachsen seine Reise nach Rom ungehindert fort und erst auf dem Rückweg überfällt ihn in Frankreich die lebensbedrohende Krankheit. Weil eine Weiterreise zu Pferd unmöglich ist, muss er auf einer Bahre nach Méaux gebracht werden, wo er nach der Vision wieder gesundet.

Alkuin verlegt die Traumbegegnung Wilfrids deshalb aus Frankreich in die Zeit der (früheren) Missionstätigkeit des Bischofs in Friesland, um die ungünstige Vorgeschichte verschweigen zu können, die den mittlerweile siebzigjährigen streitbaren Wilfrid veranlasst, sich nach vielen Jahren erneut in Rom gegen seine erneute Absetzung aus dem Bischofsamt von Nordhumbrien zu beschweren und um Rehabilitation nachzusuchen. Alkuin bringt damit zwar die Chronologie in Wilfrids Biografie durcheinander, aber das stellt für ihn kein Problem dar, da er generell auf die Angabe von Daten verzichtet.

Nach der Prophetie des Erzengels wird der exzellente Bischof Wilfrid wieder gesund. Er stirbt in der Tat vier Jahre später in dem Kloster Oundle und wird in der Kirche zu Ripon, die er zu Ehren des heiligen Petrus erbaut hat, in Glück und Frieden zur Ruhe gelegt.

Die Wunder des heiligen Cuthbert

Ab Vers 646 befasst sich Alkuin mit den herausragenden Tugenden des Mönchs, Missionars, Priesters, Askets und Bischofs Cuthbert, über den ich im letzten Band der Zeitensprünge berichtet habe. Alkuin entnimmt das fromme Leben und Wirken des Heiligen den beiden Viten in Prosa und Poesie von Beda. Er lobt Cuthbert in den höchsten Tönen als strahlendes Licht und engelgleiches Wesen und hält es für erforderlich, eine Reihe von Wundern aufzuzählen, die an Cuthbert oder durch seine Gebete bewirkt werden, zum Beispiel, wie der Heilige den Anordnungen eines Engels folgt und sein geschwächter Körper dadurch von einer durch eine Schwellung verursachten fieberhaften Krankheit geheilt wird oder wie er als Junge durch sein Gebet fünf in Seenot geratene Flösse aus den stürmischen Wellen des Ozeans rettet. Als Cuthbert junge Lämmer auf der Weide hütet, sieht er, wie Bischof Aidans Seele über die Sterne getragen wird; einem Engel bietet er irdisches Brot an und erhält von ihm himmlisches Manna; wilde Tiere wärmen den Heiligen mit ihrem Fell und Atem und ein Mönch, der das beobachtet, wird von Krankheit und Sünde gerettet. Ferner bewirken Cuthberts Gebete eine Teufelsaustreibung, die Vertreibung der bösen Geister von der Insel Farne, weiterhin Heilungen von Schwerkranken durch die Berührung seiner Reliquien, als seine Mitbrüder bei der Exhumierung nach elf (Alkuin schreibt zehn) Jahren den Heiligen und seine Kleidung unversehrt im Sarg vorfinden.

Alkuin betont, dass er noch mehr über Cuthbert schreiben würde, wenn nicht der unvergleichliche und einmalige Beda schon alles geschrieben hätte, womit er seine Wertschätzung und Verehrung für den Chronisten Beda ausdrückt, wie dies wiederholt geschieht, zum Beispiel in den Versen 685, 741, 781 und 1207.

König Ecgfrith und seine Gemahlin Æthelthryth

Analog zu Beda berichtet Alkuin, dass der nordhumbrische König Ecgfrith nach dem Gewinn vieler Schlachten und der Unterwerfung stolzer Völker eine edle Frau von königlicher Abstammung namens Æthelthryth heiratet, die trotz einer zwölfjährigen Ehe mit dem König unberührt bleibt. Die Wahrheit über ihre Reinheit während ihres Erdenlebens enthüllt der Herr durch unwiderlegbare Zeichen an ihrem Körper, als sechzig Jahre nach ihrem Tod bei ihrer Exhumierung, ähnlich wie bei Cuthbert nach zehn oder elf Jahren, das Fleisch und die Kleidung noch unversehrt sind, die Sehnen und Muskeln noch Leben haben und ihr heiliges Antlitz gerötet und anmutig erscheint. Æthelthryths Körper weist ein noch größeres Wunder auf, denn ein zwei Tage vor ihrem Ableben von einem Arzt gemachter Einschnitt ist völlig verheilt und eine kleine Narbe verdeckt die Spuren des Tumors, an dem sie litt.

Ihre Grabstätte wird vielen bekannt als eine Quelle der Heilung, ganz besonders für Augenkrankheiten. Mehr will Alkuin darüber nicht sagen, sondern er verweist auf die hervorragende Hymne, die Beda in herrlichen Versen auf die heilige Jungfrau schreibt (IV/22, S. 380) und zitiert in diesem Zusammenhang ein altes Sprichwort, das besagt, dass man kein Holz in den Wald tragen soll.

Unmittelbar darauf kommt Alkuin auf ein anderes, auch von Beda berichtetes, für viele Leser wertvolles und denkwürdiges Ereignis zu sprechen. Inmitten des schrecklichen Kampfes, in dem Prinz Aelfwine stirbt, wird auch ein anderer Degen niedergeschlagen und liegt einen Tag und die folgende Nacht leblos auf dem Schlachtfeld. Die Seele kehrt jedoch wieder in seinen toten Körper zurück, er wird zum Leben erweckt und macht sich müden Schrittes auf den Weg, wird aber vom Feind gefangen genommen und nach seinem Namen gefragt. Aus Angst, getötet zu werden, wenn er seine edle Geburt verlautbart, gibt er sich als ein armer, im Band der Ehe gebundener Landmann aus.

Alkuin sagt nicht, dass die besagte Schlacht am River Trent gegen König Aethelred von Mercien stattfindet, nennt nicht den von Beda überlieferten Namen des in Rede stehenden Adligen Imma und geht mit keinem Wort auf die von Beda geschilderten Bemühungen des Erzbischofs Theodor von Canterbury ein, der durch seine Vermittlung die bei den Germanen noch übliche Blutrache für den Tod des achtzehnjährigen Prinzen Aelfwine vermeiden kann und erreicht, dass nur ein festgesetztes Wehrgeld zu zahlen ist (*ZS* 3/2007, S. 703), sondern beschränkt sich auf die Schilderung der damit in Verbindung stehenden Wunder.

Der in der Schlacht schwer verwundete Degen wird versorgt, kommt wieder zu Kräften und soll in Banden gelegt werden, um eine Flucht zu verhindern, aber er kann nicht gefesselt werden, da die Ketten auf wunderbare Weise immer wieder zerspringen. Der Feind ist darüber verwundert und vermutet Magie oder Zaubersprüche, was aber von ihm zurückgewiesen wird. Seine hohe Abkunft wird offenbar, aber man tötet ihn nicht, sondern verkauft ihn an einen anderen Herrn, der ihn auch nicht binden kann, weil seine Fesseln immer wieder abfallen.

Da dies meist zur dritten Stunde des Tages geschieht, wenn sein Bruder frommen Herzens zur Messe zu gehen pflegt, führt er das Wunder auf die Gebete des Bruders zurück, was sich auch bestätigt, als er wieder nach Hause kommt, nachdem er aus der Gefangenschaft in die Freiheit entlassen wurde.

Nach fünfzehnjähriger Regierungszeit zieht König Ecgfrith mit seinen Truppen übers Meer und führt einen ungerechtfertigten Krieg gegen die Iren, den Alkuin nicht billigt, da die Iren den Engländern immer freundlich gesinnt waren. Die Pikten ergreifen sofort Partei für die Iren und König Ecgfrith fällt inmitten seiner Gefolgsleute in einem schrecklichen Kampf. Ecgfriths Nachfolger auf dem Königthron ist sein Bruder Aldfrith, der sich von frühester Kindheit mit der Liebe zum heiligen Lernen beschäftigt und den Alkuin nicht nur als König sondern auch als einen Gelehrten und Lehrer von eloquenter Macht und durchdringendem Intellekt bezeichnet. Aldfrith (685–704) stirbt nach einer Spanne von neunzehn Jahren in Frieden und wird neben seinen Vätern zur Ruhe gelegt. Zu dieser Zeit steht der verehrte Bischof Bosa an der Spitze der Kirche von Nordhumbrien, ein Mann, dessen Verdienste mit seinem hohen Rang korrespondieren.

Bericht über den Gang durch das Fegefeuer

Nach Bischof Bosas Tod ereignet sich in Nordhumbrien erneut eine denkwürdige Vision, die Alkuin seinen Schülern mitteilen möchte, weil er davon überzeugt ist, dass viele Menschen und ihre Seelen vom ewigen Tod gerettet werden, wenn darüber in seinem Gedicht berichtet wird, eine gängige Formel, die ähnlich auch bei anderen Schriftstellern, insbesondere bei Beda, vorkommt.

Alkuin erzählt, dass ein einfacher Mann, der verheiratet ist und seinen Haushalt und sein Leben in Gerechtigkeit und Bescheidenheit führt, ernsthaft erkrankt und schließlich zur ersten Nachtwache stirbt. Am Ende der Nacht findet er auf wundersame Weise zum Leben und Atem zurück und steht wieder auf. Alle Versammelten, die am Abend sein Begräbnis durchführen wollten, ergreifen in großem Schrecken die Flucht. Nur die Liebe seiner Ehefrau ist stärker als ihre Furcht. Sie allein bleibt bei ihrem Mann, der vom Tod zurückkommt.

Ihr Mann ermutigt sie und sagt: „Du bist die einzige unter allen, die mir treu bleibt und ich flehe dich an, dich nicht vor mir zu fürchten. Ich lebe, ich bin wahrlich vom Tod auferstanden, aber jetzt muss ich einem ganz anderen Leben folgen und den eitlen Freuden ein Ende setzen“. Er enthüllt ihr, was er während seines temporären Todes gesehen hat, trennt sich ohne Verzug von all seinen Reichtümern und folgt fromm dem monastischen Gesetz, um seinen Körper so vielen Kasteiungen zu unterwerfen, dass aus seiner jetzigen Lebensführung jedermann leicht die Einwirkung des Erlebten erkennen kann. Fortan pflegt er zu berichten, welche denkwürdigen Dinge sich während der Abwesenheit des Lebens aus seinem Körper ereigneten.

Auf diese Vision hat Alkuin seine Leser in einigen Beispielen bereits vorbereitet. Die Hinführung zu dem Thema beginnt er mit Cuthbert und Æthelthryth, deren Körper bei der jeweiligen Exhumierung nach zehn oder elf beziehungsweise sechzig Jahren noch unverwest sind. Sodann führt er an, dass der halbtot, an der Schwelle des Todes liegende Bischof Wilfrid, den seine Gefährten schon aufgegeben haben, nach mehreren Tagen unerwartet wieder gesund wird und entsprechend der Prophezeiung des Erzengels Michael noch vier Jahre lebt und kommt zu dem Degen, der einen Tag und die darauf folgende Nacht leblos auf dem Schlachtfeld liegt, ehe seine Seele wieder in den Körper zurückkehrt, der anschließend aber auf wundersame Art und Weise nicht mehr gefesselt werden kann.

Im Folgenden lässt Alkuin den Visionär, der während der ersten Nachtwache stirbt, am Ende der Nacht auf wundersame Weise wieder zum Leben und Atem zurückfindet und aufsteht, über die Dinge, die er während der Abwesenheit des Lebens aus seinem Körper sieht und erlebt, selbst sprechen:

Ein strahlendes Wesen führt mich aus meinem Körper. Wir schreiten in Richtung der aufgehenden Sommersonne und kommen in ein weites und tiefes Tal. Entlang dieses Tales erstreckt sich ein endloser Abgrund. Eine Seite des Abgrunds ist mit schrecklich lodernden Flammen, die andere mit gefrierendem Hagel angefüllt. Auf beiden Seiten wimmelt es von Menschenseelen, die auf der einen Seite übermäßig verbrennen und – wenn das Feuer unerträglich wird – in ihrem Elend in die Kälte auf der anderen Seite springen, aber auch dort keine Linderung finden und wehklagend zurück in des Feuers lodernde Flammen getragen werden.

Als ich die unsäglichen Leiden der armen Seelen erblicke, kommt es mir in den Sinn, es handele sich um die Bestrafung in der Hölle, von der ich oft gehört habe, aber als ich das in Betracht ziehe, sagt mein Führer, der meine Gedanken erkennt: „Das ist nicht, wie du denkst, die Region der Hölle“. Er führt mich weiter nach vorn und plötzlich realisiere ich, dass sich auf allen Seiten Dunst ausbreitet und sich die dunkelste Nacht wie eine Decke auf uns legt, als wir in die Schatten eintreten. Ich kann nichts sehen, nur die Umrisse meines Beschützers und seine leuchtende Kleidung.

Plötzlich erheben sich vor uns, wie aus einer Grube, schreckliche Flammenbälle und sinken wieder zurück. Ich bleibe dort allein und bin sehr erschreckt. Die Bälle steigen auf, schweben hoch in der Luft, drehen in ihrer Bewegung und sinken auf den Boden des Abgrundes, der mit den Geistern von verdammten Menschen gefüllt ist, die wie Funken aufsteigen und mit dem Feuer zurückfallen. Ein mächtiger Gestank füllt alles weit und breit.

Als ich das lange Zeit anstarre, umgibt mich äußerster Horror. Ich weiß nicht, wohin ich meinen Schritt lenken soll, was ich tun kann, welches Ende mich in meiner Verzweiflung erwarten mag. Plötzlich höre ich hinter mir das Jammern der Elenden und als sie näher kommen, erkenne ich böse Dämonen, die fünf heulende Seelen zur Bestrafung in den Höllenschlund schleppen. Die Dämonen erheben sich wieder aus dem lodernden Feuer, tanzen um mich herum mit flammenden Augen, sprühen brennende Wurfpfeile aus ihren Mündern und Nasenlöchern und stinkende Flammen drohen mich zu ergreifen mit ihren feurigen Zangen. Sie können mich zwar nicht berühren, aber sie erschrecken mich. Umgeben von Dunkelheit schaue ich aufgeregt umher, ob Hilfe in Sicht ist, die mich vor dem grausigen Ungemach retten kann. Hinter mir blinkt es wie ein Stern in der Dunkelheit, das Licht wird heller und heller. Mein Begleiter erscheint plötzlich in einem Schwall von Licht und die schwarzen Dämonen fliehen.

Wir richten unsere Reise gegen die aufgehende Wintersonne und gelangen in die klare Luft. Plötzlich erhebt sich vor uns eine riesige Mauer, so endlos lang und hoch, dass ihre Ausmaße grenzenlos erscheinen. Als wir näher kommen, stehen wir plötzlich, ich weiß nicht wie, oben auf der Mauer und sehen vor uns eine ausgedehnte und wunderbare Ebene. Der Duft ist so delikat und betörend, dass er den übel riechenden Gestank bald aus meinem Gedächtnis treibt. Ein so glänzendes Licht scheint über die gesegnete Ebene, dass es das Sonnenlicht eines ganzen Tages übertrifft. Ich sehe, dass in dieser Region die Heiligen in freudvollen Mengen leben, vergleichbar den himmlischen Königreichen, die allen Gesegneten ver-

sprochen werden. Als ich darüber nachdenke, erhalte ich die Antwort: „Das sind nicht, wie du denkst, die Reiche des Himmels".

Vor mir glänzt ein größeres und schöneres Licht, das die anderen mit seiner übermäßigen Helle überstrahlt und alles Vorhergehende in der Tat sehr düster erscheinen lässt. Süße Stimmen erheben sich, Lieder ertönen und mit dem Licht kommt ein wohlriechender Duft und erfüllt mich mit erwartungsvoller Freude, als mein Begleiter plötzlich stehen bleibt, sich umdreht und mich den Weg zurückführt.

Als wir wieder das freie Feld betreten, fragt er mich, ob ich alles verstehe und als ich verneine, fügt er unmittelbar hinzu: Du hast ein mit Flammen und Eis angefülltes Tal gesehen, in denen die Seelen durch harte Bestrafung gereinigt und dann geläutert zu den Belohnungen des Lebens zurückkehren werden. Der das stinkende Feuer ausstoßende Abgrund, ist der Mund der Hölle. Derjenige, der in die Hölle hinein fällt, kann niemals mehr gerettet werden. Der angenehme, mit Blumen und süßem Duft angefüllte Ort, die Heimat weißgekleideter junger Menschen, ist ein Platz der Ruhe, wo die Seelen verweilen, die Gutes getan haben und das Königreich im Himmel schauen und nur diejenigen, die vollkommen perfekt sind, werden in die Höhe des Paradieses eingehen.

Da du noch einmal in deinen Körper treten und unter Menschen ein Leben führen musst, das im Tod enden wird, bitte ich dich, deinen Charakter zu erneuern, deine Worte, deine Taten zu ändern, so dass deine gesegnete Heimat einmal an diesem wunderschönen Ort sein wird. Damit endet seine Rede und ich sehe plötzlich, ich weiß nicht wie, dass ich bedeckt bin mit dem Mantel meiner eigenen Seele.

Die Frage, warum Alkuin eine derart phantastische Geschichte mit so schaurigen Elementen in sein Gedicht über York einbaut, ist schnell beantwortet, wenn man realisiert, dass er alle seine Dichtungen für den Unterricht in der Klosterschule schreibt. Er will seinen Schülern Angst und Schrecken einjagen und sie auf diese pädagogisch fragwürdige Art zu einer frommen und gottgefälligen Lebensweise erziehen. Es bleibt jedoch die Frage offen, woher Alkuin die Horrorgeschichte nimmt, die als ein Vorläufer der von Dante Alighieri um 1300 komponierten *Divina Commedia* angesehen werden kann.

Exkurs zu Bedas Bericht über das Purgatorium

Bekanntlich datiert der ehrwürdige Geschichtsschreiber Beda seine Kirchengeschichte des englischen Volkes, die *Historia Ecclesiastica Gentis Anglorum,* auf Anordnung des Klerus in das erste Drittel des 8. alter Inkarnationszeit und benutzt dabei erstmalig den ausdrücklichen Hinweis auf die Zeit nach der Geburt unseres Herrn Jesus Christus, obwohl die 297-jährige nichtexistente Phantomzeit von 616–913 schon seit etwa 120 Jahren in einigen Gebieten in England eingeschoben ist. Diesen Zeiteinschub in der Chronologie überspringt Beda nach seinem Tod mit der Überführung aus seinem Kloster in Jarrow nach Durham, wo schon die Nachphantomzeit gilt, und seiner erstmaligen Bestattung dort im ersten Drittel des 11. Jhs.

Bedas eigenen Angaben zufolge entnimmt er die Utopie von der Läuterung der Seelen im Purgatorium oder Fegefeuer der *Vita Fursei,* einer anonymen Lebensbeschreibung über den irischen Missionar Fursa, der aus einem sehr edlen Geschlecht der Iren stammt, im Geist weit edler als nach seiner Herkunft ist und im 7. Jh. auf seinem Weg zum europäischen Festland in das Reich der Ostangeln kommt, das die römischen Missionare zwar kurz aufgesucht, aber auf ihrem Zug nach Nordhumbrien wieder verlassen haben. Von dem ostanglischen König Sigeberht wird Fursa freundlich empfangen und findet Gelegenheit, missionarisch tätig zu werden. In der *Historia Ecclesiastica* widmet Beda dem durch hervorragende Tugenden ausgezeichneten, in Wort und Tat berühmten Fursa ein Kapitel von mehr als fünf Seiten. (III/19, S. 258 ff.).

Neben der ihm schriftlich vorliegenden *Vita Fursei,* schöpft Beda aus der mündlichen Tradition der Germanen, die vor der Christianisierung der Angelsachsen, außer kurzen Runeninschriften, die einzige Art der Überlieferung ist und schreibt: „Bis heute lebt ein älterer Bruder unseres Klosters, der zu erzählen pflegt, dass ihm ein sehr frommer und wahrheitsliebender Mann sagte, dass er diesen Fursa im Land der Ostangeln gesehen und die Visionen aus dessen Mund gehört habe". Die mündliche Tradition bemüht Beda immer, wenn er über etwas berichtet, das er von vertrauenswürdigen Männern (Frauen bleiben außen vor und werden nicht genannt) gehört hat, die das ihrerseits von zuverlässigen Männern oder aus eigenem Erleben wissen.

Entsprechend der *Vita Fursei* stellt Beda den Lebenslauf des irischen Missionars wie folgt dar: Fursa wird ungefähr zu der Zeit, zu der Papst Gregor der Große seine Missionare unter der Führung von Augustinus zur Christianisierung der Angelsachsen nach England schickt, in Irland in das irische Christentum hinein geboren. Er zeigt seit der Zeit seiner Kindheit ein besonderes Bemühen um fromme Studien und monastische Zucht und trachtet danach, alles was er zu tun gelernt hat, sorgfältig auszuführen. Nachdem er das geistige Rüstzeug für einen Missionar erworben hat, will er für den Herrn ein Leben in der Fremde führen, wo immer er Gelegenheit findet.

Obwohl Beda ausdrücklich betont, dass die *Vita Fursei* das Leben Fursas hinreichend darlegt, will er eine Begebenheit daraus in seine *Historia Ecclesiastica* aufnehmen, weil er glaubt, dass sie für viele nützlich ist: Fursa wird von einer körperlichen Krankheit befallen und für würdig befunden, sich einer Engelserscheinung zu erfreuen, in der er ermahnt wird, eifrig im begonnenen Dienst am Wort zu bleiben und sich unermüdlich den gewohnten Vigilien und Gebeten zu widmen, weil ihm der Tod gewiss, die Stunde aber ungewiss sei, wie der Herr sagt: „Wachet also, weil ihr Tag und Stunde nicht wisst."

Durch diese Vision bestärkt, baut Fursa schnell in einem befestigten Ort, der in der Sprache der Engländer Cnobheresburg, das heißt die Stadt des Cnobhere, genannt wird, ein Kloster, in dem er sich seinen himmlischen Studien ungehindert widmen kann. Den in reizender Umgebung von Wäldern und Meer gelegenen Boden erhält er von dem vorerwähnten König Sigeberht. In einer anderen Quelle ist ergänzend überliefert, dass für den Klosterbau die Überreste einer römischen Befestigungsanlage Verwendung finden, was auch erklärt, warum Fursa so schnell zu Rande kommt. Später wird das Kloster, wie Beda ausführt, von König Anna (?–654) und den Großen des Reiches mit erhabenen Schenkungen ausgestattet.

Der von einer Krankheit befallene Fursa wird seinem Körper entrissen und ist vom Abend bis zum Hahnenschrei seines Körpers entledigt. Während dieser Zeit genießt er den Anblick der Engelscharen und hört ihre herrlichen Lobgesänge: „Die Heiligen werden von einer Kraft zur anderen gehen" und „Der Gott der Götter wird in Zion zu sehen sein".

Am Morgen wird Fursa in seinen Körper zurück gebracht, der zweite Tag wird übersprungen und als er am dritten Tag wieder aus dem Körper herausgeführt wird, beginnt die **Vision von der Führung Fursas durch das Purgatorium.** Er sieht nicht nur die größeren Freuden der Seligen, sondern auch die größten Kämpfe der bösen Geister, die unverschämt versuchen, ihm durch zahlreiche Anklagen den Weg zum Himmel abzuschneiden und doch nichts erreichen, da die Engel ihn schützen. (III/19, S. 256–264).

Als Fursa von den Engeln in die Höhe getragen wird, drängen ihn seine Führer, auf die Erde zurück zu schauen, und er sieht unter sich gleichsam ein finsteres Tal und vier Feuer in der Luft, die seine Begleiter ihm als die Feuer der Lüge, Begierde, Zwietracht und Ruchlosigkeit deuten, die die Welt verzehren werden. Die vier Feuer dehnen sich aus, kommen aufeinander zu und vereinigen sich, so dass Fursa von Furcht befallen wird. Die Engel beruhigen ihn mit den Worten: „Was du nicht angezündet hast, wird dich nicht verbrennen". Einer seiner drei Führer geht voran und zerteilt die Feuer, die zwei anderen schützen ihn auf beiden Seiten vor den Flammen. Er sieht einen Teufel die Brände von Kriegen gegen die Gerechten entfachen. Es folgen die Anklagen der bösen Geister und die Verteidigung der guten Geister.

Fursa bemerkt eine umfangreichere Ansammlung der himmlischen Scharen, aber auch viele heilige Männer aus seinem Volk, von denen er schon durch ihren weit verbreiteten Ruf erfahren hat, dass sie die Bischofswürde nicht unverdienterweise erlangten und von denen er nicht wenig hörte, das sowohl für ihn selbst als auch für alle, die zuhören wollen, sehr heilsam ist.

Die Furcht und Schrecken einjagende Ausgestaltung der grausigen Qualen des Fegefeuers dient in zunehmendem Maß der Festigung und Verbreitung des christlichen Glaubens und trägt dazu bei, dass die Christianisierung Englands flächendeckend und friedlich in etwas mehr als einem halben Jahrhundert abgeschlossen wird. Zwischen den christianisierten Volksstämmen in England gibt es in dieser Zeit so gut wie keine kriegerischen Auseinandersetzungen. Diese beschränken sich auf die Angriffe heidnischer Völker, zum Beispiel auf die Kriege Pendas von Mercien in der ersten und die Überfälle der Dänen, wie die Schlacht von Maldon, in der zweiten Hälfte des 7./10. Jhs.

Die Sehnsucht der englischen Christen nach einer Romreise zu den Apostelgräbern und der Wunsch nach einem Leben im Kloster breiten sich aus. Viele junge Christen werden Missionare und strömen auf den Kontinent, um die Menschen dort zu belehren und zu bekehren.

Zurück zu Fursas Gang durch das Purgatorium. Die drei Engel wollen Fursa zu seinem Körper zurückbringen. Sie nähern sich dem großen Feuer und ein Engel zerteilt, wie schon vorher, die Flammen. Als aber Fursa zu dem zwischen dem Feuer geöffneten Durchgang kommt, packen die sündigen Geister einen von denen, die sie im Feuer rösten, schleudern diesen gegen Fursa, treffen ihn und verbrennen seine Schultern und seinen Oberkiefer. Fursa erkennt den Mann und erinnert sich, dass er dessen Kleidung erhalten hat, als er starb. Sogleich ergreift der heilige Engel den Brennenden und wirft ihn ins Feuer zurück, um weiteren Schaden von Fursa abzuwenden. Aber der bösartige Feind sagt: „Weist nicht den zurück, den ihr vorher aufgenommen habt. Wenn ihr das Eigentum dieses Sünders angenommen habt, so müsst ihr auch an seinen Strafen teilhaben". Der Engel widerspricht und erklärt, dass Fursa nicht aus Habgier das Eigentum angenommen hat, sondern um seine Seele zu retten und das Feuer verlöscht. Dann wendet sich der Engel zu Fursa und sagt: „Was du entzündet hast, hat in dir gebrannt. Wenn du nämlich das Geld des in seinen Sünden gestorbenen Mannes nicht angenommen hättest, würde auch seine Strafe nicht in dir brennen".

Beda erzählt, dass Fursa sein ganzes Leben lang die Zeichen der Verbrennung trägt, die er in der Seele erduldete, sich jedoch bemüht, wie er es auch früher zu tun pflegte, das Werk der Tugenden durch Beispiele zu zeigen und durch Predigten zu verkündigen.

Die Einbindung der Narben Fursas an Schulter und Oberkiefer in die übernatürliche Vision erfolgt sowohl aus erzieherischen Gründen, um dem unbedarften Hörer oder Leser zu zeigen, dass das von einem Sünder erworbene Gut nicht gedeiht und zu einer Mitverantwortung und Mitbestrafung führt, als auch zur Erhöhung der Glaubwürdigkeit, da Fursa offensichtlich diese Zeichen zeit seines Lebens am Körper trägt, die er eventuell bei seiner Geburt oder durch einen realen Unfall im Kindesalter oder seiner Jugend davongetragen hat.

Als den englischen Klöstern durch den Heideneinfall Gefahr droht, zieht Fursa weiter nach Frankreich und stirbt am Hof Chlodwigs II., schreibt Beda, nennt aber keine Jahreszahl. Bei dem „Heideneinfall" muss es sich um den Krieg handeln, mit dem der heidnische König Penda von Mercien vor seinem Tod in 654 Ostanglien überzieht und in dem Sigeberht, der inzwischen abgedankt hat und als Pazifist im Kloster lebt, getötet wird.

Chlodwig II. gilt als zweiter Sohn des Merowingerkönigs Dagobert I., der 633 geboren und 638/640 als Kind unter der Vormundschaft seiner Mutter Nantechilde König von Neustrien und Burgund wird. Nach König Siegberts Tod und der Ermordung von dessen Hausmeier Grimoald bemächtigt sich Chlodwig II. Austrasiens und wird damit wieder Herr über das ganze Frankenreich. Seine letzten Lebensjahre leidet er unter einer Geisteskrankheit und stirbt schon um 656/657, kaum 23 Jahre alt.

Fursas Tod muss man notgedrungen aus diesen Daten für Clodwig II. erschließen. Fletcher schätzt Fursas Florieren generell auf 620 bis 645 und seinen Aufenthalt in Ostanglien konkret auf die dreißiger Jahre des 7. Jhs. Aus meiner Sicht verweilt der Missionar noch länger in Ostanglien und gelangt erst kurz vor Chlodwigs II. Tod an den Hof des Merowingerkönigs, da nichts über eine Missionstätigkeit Fursas in Frankreich bekannt ist und nur die Beisetzung und die obligatorischen Wunder an seinen Reliquien von Beda berichtet werden.

Chlodwigs Hausmeier Erkembald soll Fursas Leichnam im Porticus der Kirche aufbahren, die er in seiner Villa in Péronne einrichtet, bis die Kirche selbst geweiht ist. Als dies nach 27 Tagen geschieht, wird der Leichnam aufgenommen, um beim Altar begraben zu werden und er ist unverwest, wie bei Cuthbert und Æthelthryth, als hätte er in derselben Stunde dieses Leben verlassen. Sogar noch vier Jahre später, als ein kleiner Schrein zur würdigen Aufnahme des Leichnams im Osten des Altars errichtet wird, ist er ohne Anzeichen der Verwesung und wird mit gebührender Ehre dorthin überführt. Beda fügt hinzu, dass dort Fursas Verdienste häufig in vielen Wundern durch das Wirken Gottes verherrlicht werden und schließt mit dem Statement, dass er sich mit der Unvergänglichkeit von Fursas Körper befasst, damit den Lesern besser bekannt wird, wie groß die Erhabenheit des Mannes wirklich war (III/19, S. 256 ff.).

An anderen Stellen der *Historia Ecclesiastica* berichtet Beda über gleichartige Wunder. Eins davon soll sich etwa hundert Jahre später in Incuneningum in Nordhumbrien ereignen. Neben der Lokalität tauscht Beda in der nordhumbrischen Version auch die Identität des Visionärs aus, den er Dryhthelm nennt und als einen ordnungsliebenden Familienvater beschreibt, der vor seiner Erkrankung mit seinem Haushalt ein frommes Leben führt und nach seiner Vision als Asket in ein Kloster geht. Beda beginnt:

Um diese Zeit geschah in Britannien ein denkwürdiges Wunder, das den früher berichteten ähnlich war. Denn zur Erweckung der Lebenden vom Tod der Seele kehrte jemand, der einige Zeit körperlich tot war, ins körperliche Leben zurück und berichtete viele bemerkenswerte Dinge, die er gesehen hatte; ich meine, dass hier einige von ihnen kurz aufgezählt werden müssen (V/12, S. 462–472).

Die darauf folgende Darstellung Bedas über den von Engeln geführten visionären Gang eines Nordhumbriers durch das Purgatorium dient Alkuin uneingeschränkt als Vorlage für den von mir oben referierten Bericht. Bedas fast identischen Report über den irischen Missionar Fursa und die *Vita Fursei* erwähnt Alkuin dagegen nicht. Ist ja klar!

Wann entsteht die *Vita Fursei*

Beda nennt oder kennt weder den unbekannten Autor der *Vita Fursei* noch die Herkunft dieser Biografie, sondern schreibt: „Bis heute lebt ein älterer Bruder unseres Klosters, der zu erzählen pflegt, dass ihm ein sehr frommer und wahrheitsliebender Mann sagte, dass er diesen Fursa im Land der Ostangeln gesehen und die Visionen aus dessen Mund gehört habe“. Daraus lässt sich erschließen, dass Fursa seine Fieberträume für reale Erlebnisse hält und selbst publik macht, wie das ebenfalls von dem Nordhumbrier Dryhthelm berichtet wird.

Der Zeitpunkt, zu dem die Lebensbeschreibung über den Missionar Fursa entsteht, lässt sich anhand der gegebenen Anhaltspunkte näher bestimmen. Als Fursa nach Ostanglien kommt, trägt König Sigeberht noch die Herrschaftszeichen. Wie lange er regiert, ist nicht überliefert. Vieles über die ostanglischen Könige jener Zeit liegt im Dunkeln. Die römischen Missionare hinterlassen auf ihrem nach Norden orientierten Zug in Ostanglien eine Baustelle, die viele Opfer fordert, weil das ostanglische Christentum noch wenig gefestigt ist. Während sich Edwin und seine Nordhumbrier 627 auf die Taufe durch Bischof Paulinus vorbereiten, geht in Ostanglien alles drunter und drüber. Ein König nach dem anderen dankt ab, wird abgesetzt oder getötet.

Der ostanglische König Readwald tritt um 616 als vierter Bretwalda die Oberherrschaft über die Königreiche südlich des Humber an. Readwald ist ein Wanderer zwischen zwei Welten. Er lernt in Kent das Christentum kennen, fällt aber wieder in das Heidentum zurück und opfert fortan in dem gleichen Heiligtum sowohl Christus als auch den alten germanischen Göttern. Datum und Ursache seines Todes oder seiner Abdankung sind umstritten.

Sein Nachfolger Eorpswold wird von dem nordhumbrischen König Edwin für das Christentum gewonnen, aber um 627/8 von einem Heiden namens Richerht ermordet. Eorpswolds Bruder Sigeberht hat auf der Flucht vor Readwald im Exil in Gallien die Taufe empfangen und besteigt 630/1 den ostanglischen Thron.

Die Vakanz von drei Jahren zwischen den beiden Königen Eorpswold und Sigeberht ist auf die unterschiedliche Länge des Einschubs der Phantomzeit in England zurückzuführen, worauf ich schon wiederholt hingewiesen habe. Im 7. Jh. alter Inkarnationszeit werden in Wessex und anderen Gebieten Englands 297 leere Jahre eingeschoben, für das restliche England wird die Phantomzeit bei der normannischen Eroberung 766 mit einem Sprung zu 1066 auf drei Jahrhunderte aufgerundet. Bereits William von Malmesbury ist diese Diskrepanz von drei Jahren in der Geschichtsschreibung aufgefallen. Er kann sie aber nicht erklären und schreibt in seiner Gesta Regum Anglorum: „Mit dieser Unstimmigkeit muss der Leser selbst zurechtkommen. Ich bin zufrieden, dass ich darauf aufmerksam machen kann und dabei belasse ich es" (*ZS*, 2/2009, S. 431).

Sigeberht will nach seiner Thronbesteigung in Ostanglien das, was er bei den Galliern gut geordnet sah, nachahmen. Er richtet eine Schule ein, um junge Leute in der Wissenschaft zu unterrichten, wobei ihm Bischof Felix, über den Beda eine Biografie schreibt, sowie einige Erzieher und Lehrer aus Kent helfen. Aus christlicher Überzeugung legt Sigeberht die Regierungsgeschäfte irgendwann nieder und geht in ein

Kloster. Sein Nachfolger wird ein Verwandter namens Ecgric, der vorher schon einen Teil des Reiches innehat.

Als die Mercier mit einem starken Heer unter der Führung von Penda, wie oben erwähnt, einen Krieg gegen die Ostangeln beginnen, holen seine Landsleute Sigeberht gegen seinen Willen aus dem Kloster und bitten ihn, mit ihnen in die Schlacht zu ziehen, um das ostanglische Heer zu stärken und in der Hoffnung, dass der Geist der Krieger weniger ängstlich sein und in Gegenwart des einst sehr starken und hervorragenden Führers weniger an Flucht denken werde. Obwohl Sigeberht widerspricht, führen ihn seine Landsleute in die Schlacht. Er aber will, sein Gelübde nicht vergessend, außer einem Stab (auf den er sich eventuell wegen seiner Gebrechen infolge eines hohen Alters stützen muss) nichts in der Hand haben, solange er von einem ansehnlichen Heer beschützt ist. Das ostanglische Heer wird indes bekanntlich von den Merciern vernichtet oder in die Flucht geschlagen und Sigeberht zusammen mit König Ecgric getötet. Dies geschieht zu einem Zeitpunkt vor dem 654 erfolgten Tod des heidnischen Königs Penda von Mercien.

Somit verbleibt für die Erstellung der *Vita Fursei* die Zeit zwischen Fursas Tod in Frankreich und der Fertigstellung von Bedas *Historia Ecclesiastica* in 731, das sind grob gerechnet die zweite Hälfte des 7. und das erste Viertel oder Drittel des 8. Jhs. der alten Inkarnationszeit.

Der zur Zeit Sigeberhts aus Kent nach Ostanglien geschickte Bischof Felix stirbt nach 17 Amtsjahren. Erzbischof Honorius von Canterbury (627–653) weiht als Nachfolger entweder in 647 oder in 650 dessen Diakon Thomas aus dem Land der Gyrwe. Auch hier tritt die oben erwähnte Differenz von drei Jahren auf.

Nachdem Thomas nach fünf Jahren aus dem Bischofsamt gerissen wird, setzt Honorius 652 oder 654 Berhtgisl mit dem Beinamen Bonifatius aus dem Land der Kenter an seiner Stelle ein. Der hier dokumentierte Unterschied von nur zwei Jahren beruht darauf, dass bei dem Amtsantritt von Bischof Berhtgisl die drei Jahre noch nicht ganz vergangen sind.

Die Entwicklung der Lehre vom Purgatorium

Bei Jesus Christus und in den Evangelien ist von einem Purgatorium oder Fegefeuer zwischen Himmel und Erde noch keine Rede. Erst in der Bibelexegese greifen die Kirchenväter Augustinus, Hieronymus und Tertullian auf die von Origines und den Gnostikern propagierte platonische Idee der Strafe als Erziehung und Reinigung zurück und konstatieren einen Ort der Läuterung für die Seelen der Verstorbenen mit der Möglichkeit der Sündenvergebung nach dem Tod, in dem nur die ganz Verworfenen für die ewige Verdammnis in der Hölle aussortiert werden und die anderen eine Chance erhalten, in den Himmel einzugehen. Diese von den Kirchenvätern fest gegründete Auslegung über das Purgatorium ist in der irischen Kirche bekannt und wird von den römischen Missionaren bei der Christianisierung der Angelsachsen mit nach England gebracht.

Die literaturbegeisterten Angelsachsen sind mit Dämonen, Magie Zaubersprüchen und anderen übernatürlichen Phänomenen bestens vertraut. Das beweisen unter anderem die Moorungeheuer Grendel und seine Mutter aus dem Beowulfepos, wie auch die gespenstigen Teufel, mit denen sich der heilige Guthlac, nach der Überlieferung seines Biografen, als Einsiedler in den Sümpfen von Crowland herumschlagen muss. Aus diesen heidnischen Vorstellungen entstehen die Visionen über die unerträglichen Leiden im Fegefeuer mit den bösen Geistern, brennenden Höllenfeuern und anderen Torturen.

Diesen aus der germanischen Tradition entwickelten übernatürlichen Vorgängen wird mit der Führung durch das Purgatorium einer vom Körper losgelösten Seele eines später wieder zum Leben erweckten Menschen ein grundlegend neues Element hinzugefügt und erstmals in der *Vita Fursei* schriftlich niedergelegt.

Dieser vollkommen neue Aspekt der *Vita Fursei* wird von Beda geschickt referiert, durch die ähnliche Version aus Nordhumbrien angereichert und von den Chronisten oder Lehrern ihren Lesern und Schülern auf individuelle Weise vermittelt, wie aus Alkuins und Bedas Berichten über den Gang durch das Purgatorium ersichtlich ist, die sich in der Grundtendenz und in vielen Einzelheiten gleichen, aber durch die Hinzufügung von individuellen, markanten Einblendungen oder geringfügigen Änderungen jeweils eine eigene Note erhalten.

In der *Vita Fursei* ist es ein gottesfürchtiger Kirchenmann, der das Vorrecht genießt, das Purgatorium zu schauen und davon Kunde zu geben, in Bedas nordhumbrischer Version, die von Alkuin fast wortwörtlich übernommen wird, ist es ein Angehöriger des einfachen Volkes, den Beda Dryhthelm nennt, während er bei Alkuin namenlos bleibt. Beide werden von Engeln oder guten Geistern durch den Ort der Läuterung geführt.

Die Einbindung der mündlichen Tradition in Bedas Bericht zeigt, dass das Thema bei den Angelsachsen bekannt und verbreitet ist. Aus der Hinzufügung weiterer Konstellationen in Alkuins Bericht kann geschlossen werden, dass diese Jenseitserfahrung in der lateinischen Literatur der Angelsachsen kursiert und modifiziert weitergeführt wird und um 1300 in dem Meisterwerk *Divina Commedia* des Italieners Dante Alighieri ihren literarischen Höhepunkt erreicht.

Seit Luther, Zwingli und Calvin wird die von den Kirchenlehrern etablierte Lehre vom Fegefeuer als Ort der Reinigung und Läuterung der Seelen der Verstorbenen von den reformierten Kirchen, die sich an das Wort Gottes und die heilige Schrift halten, abgelehnt.

Die Aktivitäten der angelsächsischen Missionare

Ab Vers 1008 berichtet Alkuin über den Strom der angelsächsischen Missionare, der sich nach der Christianisierung weit über die Grenzen des Landes ergießt, um die Samen des Lebens zu anderen Völkern zu tragen. Alkuin teilt auch hierzu keine Daten oder Jahreszahlen mit.

Einer von ihnen ist der heilige Bischof **Egbert oder Ecgberct**, ein strahlendes Licht in seinen Lehren, der schon früh in seinem Leben aus Liebe zur himmlischen Heimat sein Vaterland verlässt und erst einmal nach Irland geht, um dort allen Menschen ein Beispiel zu geben, wie sie leben sollen, das heißt, er will die irische Kirche auf die römische Kirche umstellen.

Von Beda wissen wir, dass Egbert 716 alter Inkarnationszeit versucht, als Missionar auf den europäischen Kontinent zu gelangen, doch seine geplante Schiffsreise wird durch widrige Umstände immer wieder verhindert und er erhält den göttlichen Auftrag, die irischen Mönche von Iona in jeder Hinsicht in der Regel des apostolischen Glaubens zu unterweisen, das heißt, sie über die Tonsur und das richtige Datum des Osterfestes zu belehren. Durch die Lehre Egberts übernehmen die irischen Klosterinsassen auf der Insel Iona, ungefähr achtzig Jahre nachdem sie Bischof Aidan von dort zur Mission des englischen Volkes ausgeschickt hatten, die katholischen Lebensbräuche unter ihrem Abt Dunchad. Es bleibt ihnen eigentlich auch gar nichts anderes übrig, da sie nach dem Ergebnis der Synode von Whitby 664 sonst alles hätten aufgeben und nach Irland zurückkehren müssen, wie auch die anderen irischen Klostergemeinschaften in England, zum Beispiel Abt Colman von Lindisfarne mit seinen irischen Glaubensbrüdern und den angelsächsischen Mönchen, die ihm folgen wollen (*ZS* 2008, S. 175 und 427).

Egbert bleibt dreizehn Jahre auf der Insel Iona. Im 729. Jahr nach der Fleischwerdung des Herrn, in dem Ostern am 24. April gefeiert wird, geht er am gleichen Tag, nach der Messfeier zur Erinnerung an die Auferstehung des Herrn, selbst zum Herrn ein und freut sich, dass er solange im Fleisch erhalten wurde, bis er seine Zuhörer das Osterfest an dem Tag übernehmen und mit ihm zusammen begehen sehen kann.

Alkuin lobt Egbert als einen Mann von hervorragender Frömmigkeit, großzügig zu den Armen, bescheiden und genügsam für sich selbst, wie auch sein in Wesensart und Werk zu ihm passender Mitstreiter Wihtberht, der berühmt ist für seine Wunder und seine Fähigkeit, vieles aus der Zukunft vorauszusehen. Wihtberht, der nur bei Beda und Alkuin genannt wird, gelingt es, im Gegensatz zu Egbert, auf den Kontinent zu gelangen, kehrt aber nach zwei Jahren erfolgloser Missionsarbeit bei den Friesen nach England zurück, um in Irland in reinster Einsamkeit ein Leben in Kontemplation zu führen, so Alkuin.

Andere Missionare segeln mit ihren Schiffen über die östliche See (die Nordsee von England aus betrachtet) auf der Suche nach heidnischen Ländern, wo sie durch das Wort den Samen der Erlösung in das Herz der Barbaren streuen, wie der exzellente Bischof **Willibrord**, der 696 in Rom zum Erzbischof der Friesen geweiht wird und jahrelang in Friesland missioniert, dort viele Kirchen baut und Priester einsetzt. Über Willibrord, der 739 mit einundachtzig Jahren friedlich stirbt, verfasst Alkuin je eine Vita in Prosa und in Poesie.

Wie gefährlich das Leben auf dem europäischen Kontinent für die englischen Missionare sein kann, zeigt Alkuin am Beispiel zweier Nachfolger Willibrords, die ihren Einsatz mit dem Leben bezahlen. Beide tragen den Namen **Hewald** und beide sind von glühendem Eifer für den Glauben erfüllt. Ihre Mission im Leben und auch ihr Tod sind identisch. Der einzige Unterschied zwischen ihnen ist die Farbe ihres Haares, einer ist blond, der andere schwarz. Die beiden Hewalds kommen in das Land der heidnischen Sachsen und versuchen, einige von ihnen für Christus zu gewinnen. Als die Heiden die Moral und die neuen Gewohnheiten des christlichen Glaubens sehen, fürchten sie, dass der Kult ihrer alten Götter schnell und vollständig ausgelöscht werden könnte. Sie überwältigen die Mönche und ermorden sie grausam. Der blonde Hewald wird sofort mörderisch erschlagen, der kräftigere, dunkle Hewald erst nach langer Folter getötet.

Die Mörder werfen die toten Körper in den Rhein und diese werden gegen die starke Strömung flussaufwärts auf wundersame Weise elf Meilen (Beda schreibt 40) zu ihren Gefährten getragen. Wo immer sich die Körper zur Nachtzeit im Wasser berühren, leuchtet ein brillanter Strahl schimmernden Glanzes auf, heller als die Sterne und die Mörder dieser heiligen Männer sehen die ganze Nacht dieses Leuchten. Die Begleiter der Missionare finden die Getöteten und bestatten die Märtyrer mit der ihnen gebührenden Ehre.

Alkuin berichtet weiter, dass immer mehr Diener des Wortes aus England auf das Festland gehen, wie der exzellente **Swithberht** und der Priester **Wira**, die sich zu ihrer Zeit eines außerordentlichen Ruhmes erfreuen. Nach Beda richtet Pippin II. von Heristal auf die Fürsprache seiner Frau Plectrudis für Swithberht auf der Rheininsel Kaiserswerth einen Bischofssitz ein.

Alkuin resümiert, dass er sich nicht mit allen Missionaren in seinem Gedicht befassen kann, da er sich schon zu weit entfernt hat und zu weit gewandert ist. Auch die nordhumbrischen Könige will er nicht mehr anführen, die zu verschiedenen Zeiten nach Aldfrith (685–704), regieren, sondern will zu den Bischöfen von York zurückkehren.

Der für uns bedeutendste angelsächsische Missionar wird weder von Beda noch von Alkuin erwähnt. Vielleicht sind Beda die Erfolge des Winfried Bonifatius noch nicht bekannt, aber Alkuin verschweigt den Apostel der Deutschen, weil er die Befürchtung hegt, die spätere

Aufarbeitung der Biografie des Erzbischofs von Mainz könnte das sorgsam gehütete Geheimnis der Phantomzeit gefährden oder sogar aufdecken.

Bischof Johannes von York

Die Verse 1080 bis 1215 des Gedichts widmet Alkuin dem für Frömmigkeit, Glaube, Verdienste und Klugheit berühmten **Johannes,** der von 683 bis 705 Bischof von Hexham ist und nach Bosas Tod nach York wechselt. Die Wunderheilungen und Wundertaten, die Johannes durch Handauflegen, Segnungen und Gebete vollbringt, entnimmt Alkuin Bedas *Historia Ecclesiastica* (V/2, S. 434–440), der wiederum seine Kenntnisse von dem aufrichtigen Abt Berhrthun des dem heiligen Petrus geweihten Klosters Inderauuda, was soviel wie „Im Wald der Deirer" bedeutet, hat.

Auch hier tritt wieder der Zeitunterschied von drei Jahren auf, den Beda mit der Version zu kaschieren versucht, dass Johannes, als er wegen seines fortgeschrittenen Alters nicht mehr so fähig ist, das Bischofsamt auszuüben, bereits 718 seinen Priester **Wilfrid** als seinen Nachfolger im Bischofsamt von York weiht und sich in das erwähnte, von ihm vorsorglich ein Jahr vorher in 717 gegründete Kloster „Im Wald der Deirer", das auch Beverly genannt wird, zurückzieht, wo er im 721. Jahr der Fleischwerdung des Herrn nach dreiunddreißig Jahren als Bischof in würdiger Weise das Leben in Gott vollendet. Beda rechnet den Ruhestand von drei Jahren im Kloster Beverly den Bischofsjahren des Johannes hinzu, um mit der Chronologie Schritt zu halten.

Bischof Wilfrid II. von York

Von Beda wissen wir, dass Wilfrid II. – neben Bosa von York und Johannes von York – zu den fünf angelsächsischen Bischöfen gehört, die ihre Ausbildung im Kloster Streaneshealh unter der Äbtissin Hild erhalten. Wilfrid hat zuerst das Episkopat in Mittelanglien inne (IV/23, S. 390), wird im Jahr 718 von Johannes zum Bischof von York geweiht

(V/6, S. 446) und ist noch im Amt, als 731 die *Historia Ecclesiastica* abgeschlossen wird (V/23, S. 534).

Beda berichtet weiter, dass Bischof Acca von Hexham (709–731) in der Hoffnung auf eine bessere Lebensgestaltung Wilfrid II. aufsucht, danach die ganze Zeit bis zu Wilfrids Tod in dessen Gehorsam verbringt und mit ihm zusammen eine Romreise macht (V/21, S. 506), sagt aber nicht, wann das geschieht und wie lange die zwei abgesetzten Bischöfe in Rom bleiben. Er erklärt nur: „Als Acca mit Wilfrid auch nach Rom geht, lernt er dort über die Einrichtungen der heiligen Kirche viele nützliche Dinge kennen, die er in der Heimat nicht gekannt hat". Vielleicht spricht aus diesem Zitat der heimliche Wunsch Bedas, selbst auch gerne einmal in seinen früheren Jahren in Rom gewesen zu sein, aber welche nützlichen Dinge Acca in Rom kennen lernt, sagt er nicht, weil Beda den wahren Grund für Accas und Wilfrids gemeinsame Reise nach Rom verschweigen muss.

Ergänzend zu Beda ist Alkuin die maßgebliche und umfassendste Quelle über Wilfrid II., jedoch, wie üblich, ohne Daten zu nennen. Er erzählt, dass Wilfrid sich durch gute Taten und einen edlen Charakter auszeichnet, seine Schätze nicht hortet, sondern sie zur Ehre Gottes in reichem Maß an die Kirche verschenkt, nicht nur in seiner Stadt York, sondern auch in anderen Orten, dabei nicht vernachlässigt, mit gläubigem Herzen seine Herde zu vervielfachen, indem er großzügig in Wort und Tat, Gottes Befehlen mit der Kraft seiner Worte und leuchtendem Beispiel folgt und deshalb bei allen willkommen ist sowie geehrt, verehrt und geliebt wird.

Nach der Vollendung seiner Werke für die Kirche auf Erden begibt sich dieser gute Hirte auf die Suche nach einem Platz, an den er sich zurückziehen kann, um Gott mit all seiner Kraft zu dienen, sich ganz dem kontemplativen Leben hinzugeben und die vielfachen, leeren Sorgen der Welt zu verlassen. Obwohl sein Körper auf Erden bleibt, ist sein Geist schon ganz im Himmel und erwartet wachsam die Belohnungen des ewigen Lebens, die er zu einer bestimmten Zeit am Ende seines gegenwärtigen Lebens gewinnt, als er in den Armen von Engeln zum Himmel getragen wird.

Accas Vertreibung von Hexham 731 und der Wechsel von Wilfrid zu Egbert im Episkopat von York 732 wird in der noch von Beda selbst bearbeiteten zweiten Rezension der *Historia Ecclesiastica,* die Annalen bis 734 enthält, dokumentiert, aber weder Beda noch Alkuin nennen einen triftigen Grund für diese offenbar miteinander in Verbindung stehenden Ereignisse und informieren auch nicht darüber, wohin Wilfrid sich zurückzieht und wo er die dreizehn letzten Jahre bis zu seinem Tod, der in der ***Continuatio Bedae*** des Simeon von Durham für 745 dokumentiert wird, verbringt.

Da Beda und Alkuin nichts über die Motive sagen, die den zweiten Wilfrid und Acca auf die gemeinsame Reise nach Rom treiben, muss es vorerst Theorie bleiben, dass es sich dabei um eine Reaktion auf die beiden Absetzungen handelt und dass diese mit den 297 leeren Jahren zusammen hängen, die in Wessex, Durham und anderen Gebieten Englands schon in die Geschichte eingeschoben sind und gegen deren Anerkennung sich die Erzdiözese Canterbury extrem sträubt.

Dieses Problem beschäftigt den englischen Klerus spätestens seit der Überführung der Gebeine des heiligen Cuthbert von Lindisfarne 698 alter Inkarnationszeit nach Durham, wo die neue Zeit schon eingeführt ist und der Sarg demzufolge im gleichen Jahr, aber mit einer anderen Datierung ankommt (ZS 1/2010, S. 137–162), sowie dem Vorliegen der *Vita Dunstani* 1004 in Frankreich, in der der Sprung vom 7./8. in das 10./11. Jh. bereits vollzogen ist und mitgeteilt wird, dass Dunstan der erste Abt der englischen Nation ist, was William von Malmesbury aber mit rüden Beschimpfungen des Biografen und kategorischer Vehemenz leugnet (*ZS* 2/2008, S. 441/2) und es ist auch der Anlass zu den Bestrebungen der Kirche von York im 7./10. Jh., sich vom Erzbistum Canterbury unabhängig zu machen, über die Simeon von Durham berichtet (*ZS* 1/2010, S. 17).

Das Thema muss auch Gegenstand des Treffens der angelsächsischen politischen Institution ***Witenagemot*** (Rat der Weisen) am 15.10.705 in Brentfort bei London sein, das die *Theologische Realenzyklopädie* (Bonifatius, Band VII, 69) mit der nichts sagenden Floskel als „der von Bischof Aldhelm voran getriebene propagandistische Einsatz für romorientierte Kirchengewohnheiten“ umschreibt (*ZS* 1/2009, S. 191).

Es liegt nahe und spricht vieles dafür, dass die Reise der beiden abgesetzten Bischöfe Acca und Wilfrid II. nach Rom dazu dient, sich beim Papst gegen ihre als ungerecht empfundene Entlassung aus dem Bischofsamt zu beschweren, wie dies auch bei dem oben bezeugten nordhumbrischen Bischof Wilfrid I. der Fall ist, der im Laufe seines jahrzehntelangen Dienstes in der Christianisierung der römischen Kirche mehrfach aus dem Bischofsamt vertrieben oder entlassen wird und dadurch Bischof in York, Hexham, Ripon und Leicester ist und sich auch als Missionar in Friesland und Sussex betätigt. Wilfrid wird zwei Mal in Rom vorstellig, das letzte Mal 705 zusammen mit seinem Priester Acca. Er wird jedes Mal rehabilitiert und wieder eingesetzt (Beda, V/19, S. 496–500).

Erzbischof Egbert von York

Alkuin knüpft in seinem Gedicht an Bedas Mitteilung über die Ernennung Egberts zum Bischof von York 732 an und stellt den Wechsel im Episkopat von Wilfrid auf Egbert diplomatisch als eine freiwillige Abdankung hin. Er erzählt, dass Wilfrid II. die Bürde der pastoralen Pflichten und die Leitung des ehrwürdigen Bischofssitzes weitergibt an Egbert, der wegen seiner königlichen Vorfahren, deren Namen Alkuin allerdings nicht verrät, in den Augen der Menschen angesehen und aus der Sicht Gottes durch seine Verdienste noch hervorragender ist. Auch Egbert soll, wie sein Vorgänger, seine irdischen Güter mit frommem Herzen unter die Notleidenden und Armen verteilen und umso reicher werden durch die Anhäufung der Schätze im Himmel.

Alkuin charakterisiert Egbert als gerecht, leutselig und beliebt, aber auch unbarmherzig gegenüber den Bösen, lobt ihn in übertriebener Weise als einen ausgezeichneten Lehrer und berühmten Prälaten der Kirche, der seine Tage und Nächte zwischen seinen heiligen Pflichten aufteilt, während der Tageszeit die heilige Messe zelebriert, mit unaufhörlichem Fleiß in langen Nachtwachen betet, die Kirchen mit Silber, Gold, Edelsteinen und seidenen Tapeten schmückt, aufrichtige Menschen für die Dienste am Altar konsekriert, Gottes Festtage feiert und Hymnen aus gut geschulten Stimmen erklingen lässt.

Mit diesen für einen Priester unabdingbaren Pflichten und Aufgaben, ohne besondere Höhepunkte oder Reformen, geleitet Alkuin den Erzbischof von York vierunddreißig Jahre lang auf einem sicheren Weg bis zur normannischen Eroberung und berichtet seinen Tod ausgerechnet in 766. Wie Peter Godman (Fußnote zu Vers 1396, S. 109) anmerkt, wird der Todestag Egberts auf den 19. November 766 terminiert, das sind, unter Berücksichtigung einer dreihundertjährigen Phantomzeit, vierundzwanzig Tage nach der Schlacht von Hastings, die am 14. Oktober 1066 stattfindet, in der Wilhelm von der Normandie mit seinem Sieg über König Harold den Grundstein für die Eroberung Englands durch die Normannen legt.

Damit bleibt Egbert im 8. Jh. alter Inkarnationszeit und braucht nicht in die nachnormannische Zeit mit neuer Datierung übernommen zu werden, wie das bekanntlich auch bei Beda selbst und den von ihm erwähnten Personen und Ereignissen der Fall ist.

Das für Egbert und Beda geltende Prinzip hat auch für Alkuin Gültigkeit. Auch er wird im 8. Jh. alter Inkarnationszeit geboren und muss bis zu seinem Tod und sogar bis heute darin bleiben. Es ist ja die „wahre Geschichtsschreibung", die Beda und Alkuin mit der Weiterdatierung in die Inkarnationszeit hinein praktizieren.

Die „Geschichtsfälscher" sind die bisher unidentifizierten Initiatoren der Phantomzeit, denen es gelingt, zweihundertsiebenundneunzig Jahre (in Nordhumbrien sogar dreihundert Jahre) in die Geschichte einzuschieben und bis heute, dank der Macht der Gewohnheit, erfolgreich durchzusetzen. Betrachten wir es einmal so, bekommt die Sache ein ganz anderes Gesicht.

Zur Überbrückung von Bedas Tod in 735 bis zur normannischen Eroberung in 766 genügt Alkuin allein Egberts Biografie. Um nicht zu zeigen, dass ab 766 mit dem Jahr 1066 weiter datiert wird, verzichtet Alkuin in kluger Voraussicht in dem ganzen Gedicht auf Datierungen und verschweigt alle anderen Ereignisse und Personen die er als Erwachsener selbst miterlebt und die erst fünfundzwanzig Jahre nach Alkuins Tod und etwas mehr als sechs Jahrzehnte nach der normannischen Eroberung, 1129, aus der Rückschau von Simeon von Durham in der *Continuatio Beda*e zusammengetragen werden.

Egbert und sein Bruder König Eadberht

Völlig übergangslos und unerwartet teilt Alkuin mit, dass Erzbischof Egbert auch einen Bruder hat, der, ebenfalls im Purpur geboren, der nordhumbrische König Eadberht ist. Eadberht soll die Grenzen seines

Reiches in vielen schrecklichen Verteidigungskriegen durch die Unterwerfung der feindlichen Streitkräfte erweitern und die Menschen in Nordhumbrien sollen unter der harmonischen Herrschaft von König und Bischof glückliche Zeiten erleben. Dabei realisiert Alkuin offensichtlich nicht, dass „viele schreckliche Verteidigungskriege" und „glückliche Zeiten in einer harmonischen Herrschaft" sich zur gleichen Zeit ausschließen.

In literarischen Versen berichtet Alkuin weiter, dass der eine die Kirche, der andere die Staatsgeschäfte führt, der eine das Pallium, das der Papst geschickt hat, auf den Schultern und der andere die Krone seiner Vorväter auf dem Kopf trägt, der eine mächtig und energisch, der andre fromm und freundlich ist, beide friedlich zusammenleben, wie es Verwandte tun sollen, zwei Brüder, die sich mit Freuden gegenseitig helfen, der eine herrscht vierunddreißig Jahre über die Kirche, der andere trägt einundzwanzig Jahre die Krone seiner Vorväter. Beide sind glücklich in ihren Werken und werden nach ihrem Tod in Frieden begraben.

Alkuin ist die erste Quelle für König Eadberht und der einzige, der ihn als einen Bruder von Egbert bezeichnet, allerdings ohne die Eltern oder Vorfahren zu nennen.

Nach der *Continuatio Bedae* des Simeon von Durham übernimmt König Eadberht die Regierung in Nordhumbrien 737 von Ceolwulf, zieht bereits 740 mit einem Heer gegen die Pikten und wird getötet, so dass er nur drei Jahre im Amt ist. In etwas verwirrender Weise erwähnt die *Continuatio Bedae* einen weiteren nordhumbrischen König Eadberht, der 750 die Ebene von Kyle und andere Gebiete seinem Reich hinzufügt, 753 in seinem fünften Regierungsjahr ist und 758 die Herrschaft aus Liebe zu Gott und in ungestümem Verlangen nach der himmlischen Heimat seinem Sohn Oswulf überlässt, nachdem er die Tonsur des heiligen Petrus empfangen hat.

Alkuins Würdigung von Bedas Tod

Mit der Anmerkung, dass in der Regierungszeit Egberts ein Priester mit außergewöhnlichen Verdiensten namens Beda seine Augen im gegenwärtigen Leben schließt und das Königreich der Sterne aufsucht, leitet Alkuin über zu einem Epilog auf Beda, für den er nur einunddreißig Verszeilen verwendet, in denen er nicht mehr, sondern eher weniger, in lyrischer Form verarbeitet, als Beda selbst in seiner kurzgefassten Autobiografie am Ende seiner *Historia Ecclesiastica* preisgibt. So vermeidet Alkuin, versehentlich etwas zu erwähnen, das auf den Zeitensprung in England hinweisen könnte.

Alkuin beendet den Nachruf auf Beda mit der Aufzählung einiger Bücher des Meisters und der Mitteilung, dass die Qualität dieses Lehrers sich deutlich nach seinem Tod durch ein Heilungswunder zeigt, als ein Kranker, den man mit den Reliquien des gesegneten Vaters umgibt, komplett von seiner Krankheit geheilt wird, sagt aber nicht, wo und wann das geschieht und äußert sich auch nicht zu Bedas Aufbahrung in Jarrow und seiner Überführung nach Durham.

Mit der Beendigung der *Historia Ecclesiastica* kurz vor Bedas Tod entfällt die inhaltliche Orientierungshilfe für Alkuins literarische Ausarbeitung des Gedichts über die „Könige, Bischöfe und Heiligen von York“. Da keinerlei schriftliche Quellen vorliegen, ist der Autor für die Weiterführung seiner Dichtung auf seinen eigenen Erfindungsreichtum und seine Fabulierkunst angewiesen. Es ist erstaunlich, was Alkuin über den heiligen und wunderwirkenden Balthere, den ehrwürdigen Eremiten Echha und den überragenden Bischof Ælberctus in seinem Gedicht berichtet, die alle nur aus seiner Dichtung bekannt sind.

Bekanntlich datiert Beda in seiner *Historia Ecclesiastica Gentis Anglorum* (Kirchengeschichte des Englischen Volkes) als erster Chronist mit der Angabe „nach der Fleischwerdung des Herrn“ und zwar wohlüberlegt, weil er den Änderungsprozess in der Zeitrechnung mit dem Einschub von zweihundertsiebenundneunzig leeren Jahren beziehungsweise drei leeren Jahrhunderten nicht wahrhaben darf oder will, vielleicht in der irrigen Hoffnung, dass sich das Blatt noch einmal wenden und die Welt zur alten Zeitrechnung zurück finden würde.

Vorausgesetzt, dass das auf 734 oder 735 der alten Inkarnationszeit geschätzte Geburtsjahr für Alkuin zutrifft, wird der altenglischnordhumbrische Gelehrte im Todesjahr Bedas in die nichtexistente Phantomzeit hinein geboren. Bedas 731/34 fertig gestellte *Historia* entwickelt sich schnell zu einem Bestseller, wird überall begehrt, kopiert und gelesen. Viele Menschen in Alkuins Umgebung haben Beda persönlich gekannt oder standen mit ihm in schriftlicher Verbindung, wie auch der im Jahr 732 der alten Inkarnationszeit von Beda verfasste Brief an Egbert zeigt. Deshalb kann Alkuin, als er im Alter von vielleicht zwanzig oder fünfundzwanzig Jahren mit seiner Schriftstellerei beginnt, die neue Zeitrechnung nicht einfach übernehmen und die Kontinuität der von Beda zuerst eingeführten und konsequent durchgehaltenen alten Datierung unterbrechen.

Abgesehen von dem Vertrauensverlust und der Gefahr, sich unbeliebt oder lächerlich zu machen, müssten mit so einem Unterfangen nicht nur Bedas Werke, allen voran die *Historia Ecclesiastica Gentis Anglorum* und die daraus resultierenden umlaufenden Schriften, sowie die angefallenen Urkunden und sonstigen Belege ab Beginn der Phantomzeit umdatiert, sondern es müsste auch eine Erklärung für die Zeitumstellung gegeben und die Gründe dafür genannt werden, die bis heute nicht eindeutig geklärt sind und die Alkuin wohl auch nicht kennt.

Alkuin darf den tonangebenden und verehrten Chronisten Beda nicht desavouieren und möchte, genau so wenig wie Beda selbst, bestimmt kein Zeitfälscher sein! So versucht er, als einer der ersten Schreiber nach der normannischen Eroberung, wenn nicht sogar der allererste, eine Lösung zu finden, mit der er dieses Problem totschweigen kann. Dabei kommt ihm Egberts Übernahme des Bischofsamtes von York in 732 zu Hilfe, die in Bedas *Historia Ecclesiastica* dokumentiert wird, was aus einer der ältesten überlieferten Handschriften aus der ersten Hälfte des 8. Jhs. ersichtlich ist, dem in Canterbury aufbewahrten Moore Manuskript.

Alkuin schließt an den von Beda bezeugten Wechsel im Bischofsamt von York in 732 an, bleibt aber seiner Gewohnheit treu und nennt keine Jahreszahlen. Mit dieser ausgeklügelten Regelung muss er sich weder für die alte noch für die neue Zeit entscheiden und braucht vor allem die Existenz des Zeitsprungs nicht zu erwähnen. Er teilt als erster mit, dass Egbert das Pallium des Papstes auf seinen Schultern trägt, also zum Erzbischof ernannt wird, und dass er nach einer Amtszeit von insgesamt vierunddreißig Jahren stirbt. Mit dieser Angabe kann sich jeder ausrechnen, dass dies 766 geschieht, gerade noch rechtzeitig, um bis zum Tod in der Zeit vor der normannischen Eroberung zu bleiben. Ob Egberts Avancement zum Erzbischof von York und sein Todesjahr manipuliert sind, bleibt Alkuins Geheimnis.

Es ist fast überflüssig darauf hinzuweisen, dass wieder die Diskrepanz von drei Jahren ins Spiel kommt, die Alkuin damit umgeht, dass er den Übergang des Bischofsamtes auf Egbert als freiwilligen Verzicht seines Vorgängers Wilfried II. darstellt, der die Bürde des Amtes angeblich loswerden will, was merkwürdig erscheint, da Wilfried II. nach seinem Ausscheiden aus dem Bischofsamt von York erst einmal mit dem 731 von Hexham vertriebenen Bischof Acca eine Romreise unternimmt und noch insgesamt dreizehn Jahre nach seinem angeblich freiwilligen Rücktritt an einem nicht überlieferten Ort lebt. Sein Tod wird in der *Continuatio Bedae* auf das Jahr 745 festgelegt.

Wie ich in dem Aufsatz „In England gehen die Uhren anders", Teil I und II, in *ZS* 3/2008 und *ZS* 1/2009 ausführlich dargelegt habe, erfolgt der Umbruch in England in 766, als Alkuin einunddreißig Jahre alt ist, mit einem Zeitsprung von drei Jahrhunderten in das Jahr 1066, dem bis heute gültigen Datum der normannischen Eroberung.

Mit der normannischen Eroberung wird in England einschließlich Nordhumbrien ein Schnitt gemacht, von dem bei der folgenden Berechnung auszugehen ist. Die eingeschobene leere Zeit wird damit in Nordhumbrien auf 300 Jahre aufgerundet und ist damit dort drei Jahre länger als in anderen Gebieten Englands und auf dem Kontinent. Dieser Unterschied von drei Jahren, den ich schon mehrfach belegt habe, ist darauf zurückzuführen, dass in einigen Landesteilen im 7. Jh. eine Phantomzeit von 297 Jahren eingeschoben, die mit der normannischen Eroberung für die restlichen Gebiete auf 300 Jahre aufgerundet wird und macht sich bemerkbar, je nachdem, ob man mit der alten Inkarnationszeit weiterzählt, wie Beda, oder aus der Zeit nach der normannischen Eroberung zurückrechnet, wie Alkuin und andere.

Im ersten Viertel des 12. Jhs. weist William von Malmesbury ausdrücklich auf diesen Zeitunterschied hin, muss aber zugeben. dass er ihn nicht erklären kann. William empfiehlt dem Leser, selbst damit fertig zu werden (*ZS* 2/2009, S. 431).

Einige Chronisten des 12. Jhs. entwickeln den Usus über die gleichen Geschehnisse zweimal im Abstand von jeweils drei Jahren in leicht abgewandelter Form zu berichten, wie über die Schlacht von Maldon, die in einigen Chroniken in das Jahr 991 gesetzt wird, in anderen zwei oder drei Jahre später (*ZS* 3/2007, S. 687–716). Andere Chronisten, zum Beispiel Alkuin, handhaben dieses Problem, indem sie berichten, dass beispielsweise Bischöfe drei Jahre vor ihrem Tod einen Nachfolger einsetzen und sich in die Einsamkeit zurückziehen, die Zeit ihres Ruhestandes aber der Amtszeit hinzu rechnen.

Wann, wo und mit welchem Werk Alkuin mit dem Schreiben beginnt, wird von den bisherigen Interpreten nur geschätzt, wie das auch bei dem Jahr seiner Geburt der Fall ist. Nach meinen Recherchen entsteht sein Gedicht über York in den siebziger oder achtziger Jahren des 8. Jhs. im Exil in Frankreich. Die in dem Werk genannten Bischöfe und Heiligen, einschließlich König Eadberht von Nordhumbrien, den Alkuin überraschenderweise als einen Bruder Egberts ausgibt, sind vor 766 verstorben, als letzter Egbert selbst, so dass keiner in die neue Zeit nach der normannischen Eroberung übernommen werden muss.

Der offiziell in die Nachphantomzeit gesetzte Simeon von Durham zieht 1083, nach seiner Ausbildung in Bedas Kloster Jarrow, nach Durham, wo schon seit mindestens 698/995, als Cuthbert von Lindisfarne nach Durham überführt und dort beigesetzt wird, die neue Zeit gilt. Wie Alkuin in seinem Gedicht über York führt auch Simeon von Durham in seiner Chronik aus der Rückschau die Annalen nach Beda bis zum Jahr 766 fort. Da Simeon etwa fünfundzwanzig Jahre nach Alkuin geboren wird und seine Chronik erst 1129 schreibt, kennt Alkuin weder die Chronik noch die darin enthaltene *Continuatio Bedae,* die aber in einige aus dem 12. Jh. erhaltene Kopien von Bedas *Historia Ecclesiastica Gentis Anglorum* aufgenommen wird.

Auf dem europäischen Kontinent wird die eingeschobene Phantomzeit von 297 Jahren in die Zeit zwischen 614 und 911 festgelegt, in den einzelnen Königreichen in England beginnt der Einschub der 297 nichtexistenten Jahre fließend ab 616, in Wessex beispielsweise mit dem Wechsel im Königsamt in 642/939 und in Nordhumbrien mit der bereits erwähnten Verlängerung von drei auf insgesamt dreihundert Jahren erst in 766/1066.

Danach müssen alle Persönlichkeiten und Begebenheiten, die der Chronist Beda und in seinem Gefolge Alkuin von York sowie Simeon von Durham in die 150 Jahre der leeren Zeit von 616 bis 766 hinein dokumentieren, an das Ende der Phantomzeit ab dem Jahr 913 gesetzt werden. Durch die Aufrundung um drei Jahre kommen wir in das Jahr 1066, das Jahr der normannischen Eroberung, mit dem der Einschub der Phantomzeit in ganz Britannien abgeschlossen ist.

Viele Geschichtsschreiber des 12. Jhs. versuchen die eingeschobene Phantomzeit zu vertuschen und füllen die Lücke in der Chronologie aus der Retroperspektive mit Erfindungen aus, was zur Herausbildung von Doppelgängern und verdoppelten Ereignissen führt. So ist der von Beda in die Zeit von 674–716 gesetzte König Aethelred von Mercien mit dem *Aethelred* (oder *Ethelred*) *the Unready* identisch, der seinerseits auch in dem Gedicht über die 991/4 stattfindende Schlacht von Maldon mehrfach erwähnt wird und 1016 stirbt. Weitere Beispiele von Geschichtsfälschungen gibt es in Hülle und Fülle.

Ungeachtet der Doppelbelegung der Zeit von 913–1066 durch Weiter- und Rückdatierung verbleibt eine Lücke in der Geschichtsschreibung von 147 Jahren von 766 bis 913. Was kann Alkuin damit anfangen? Es bleiben ihm nur zwei Alternativen, wenn er den Zeitsprung nicht kundtun darf. Entweder muss er, wie Eadmer von Canterbury, die Zeit einfach auslassen oder sie mit erfundenen Inhalten füllen.

Alkuin entschließt sich für die Möglichkeit, den Übergang mit einer erfundenen Geschichtsschreibung zu gestalten. Mit dieser Fiktion schafft er den Anschluß an 766 und eine Etappe auf dem Sprung zum Jahr 913, bemüht sich aber, genau wie sein Vorgänger und Mentor Beda, nichts über den Zeiteinschub zu verlautbaren. Was er über die Änderung in der Zeitrechnung weiß, lässt sich nicht sagen. Es fällt ja heute noch schwer, alles richtig einzuordnen, obwohl wir es aus der Retrospektive eigentlich überblicken können müssten.

Alkuins Einstieg in die Füllung der Phantomzeit

Nach der Dokumentierung von Erzbischof Egbert bis 766 (und der äußerst kurz gefassten Würdigung von Bedas Tod in dem Gedicht über die „Könige, Bischöfe und Heiligen von York“) beginnt Alkuin ab Zeile 1319 seine Berichte in eigener Regie (ohne Bedas Vorlage) fortzuführen, um die alte Inkarnationszeit nach 766 mit der restlichen Phantomzeit bis 913 zu verzahnen und einen möglichst nahtlosen Übergang zu erhalten und zu gestalten. Er erfindet die sonst nirgends berichteten Wunder eines Heiligen, den er mit den Worten einführt: „Nun werde ich mich in lyrischer Form mit dir, heiliger Balthere, beschäftigen und dir in diesem Gedicht einen Platz zuweisen". Mit einer nahezu göttlichen Verehrung fleht er den fiktiven Balthere an, seine schwachen Kräfte zu erhalten und ihn durch die Tiefen des Ozeans mit den Seemonstern und den Wellen so hoch wie Kliffs in den sicheren Hafen zu führen.

Alkuin erzählt, dass der mächtige Kämpfer Balthere während seiner Lebenszeit auf Erden zuweilen die Geister der Luft besiegt, als sie ihn inmitten der Wellen des Ozeans zwischen schrecklichen Felsspitzen und steilen Klippen in zahllosen Gestalten angreifen, indem er die feindlichen Mächte und Ungeheuer in einem erfolgreichen Kampf furchtlos zermalmt und ihnen immer mit den Waffen des Kreuzes sowie Helm und Schild des Glaubens entgegen tritt.

Diese Ausführungen erinnern an die mythologische Tradition der Germanen, insbesondere an die von Felix erstellte hagiographische Biografie über den heiligen Guthlac, der sich in den Sümpfen von Crowland gegen die teuflischen Dämonen durchsetzen muss.

Mit der Formulierung „während seiner Lebenszeit auf Erden" weist Alkuin darauf hin, dass sein erfundener Balthere das Zeitliche bereits gesegnet hat, verzichtet aber auf die Nennung jeglicher Daten oder historischer Ereignisse, so dass offen bleibt, wann er gelebt haben soll.

Gemäß Heinrich Hahn erwähnt Simeon von Durham in seiner 1129 erstellten Chronik den Tod eines Balthere 756, den er – im Gegensatz zu Alkuin – nicht als einen Heiligen, sondern als einen Anachoreten bezeichnet. Die Nachricht ist auch in die Annalen von Lindisfarne übergegangen, die zusätzlich den Sterbeort des Eremiten mit Tiningham oder Tyningham am Fluss Tyne in Schottand nahe Dunbar angeben. Dieser schottische Einsiedler Balthere könnte Alkuin zu dem Namen des von ihm erfundenen Heiligen inspiriert haben.

Solange Alkuin sich in der lyrischen Ausarbeitung seines Gedichts über York an den in Bedas *Historia Ecclesiastica* dokumentierten Ereignissen und Personen orientieren kann, ist ihm nicht nur Glaubwürdigkeit garantiert, sondern seine literarische Inkompetenz fällt dem unvoreingenommenen Leser auch nicht auf. Erst nach dem Wegfall dieser Vorgabe wird offenkundig, dass Alkuin nicht Bedas Klasse besitzt und sein Versuch, zum Einstieg in die Füllung der Phantomzeit, aus einer Kombination aus heidnisch-germanischer Überlieferung und Heiliger Schrift den hypothetischen Balthere und seine Wunder zu entwickeln, überschreitet die Grenze des Zumutbaren und der Vorstellbarkeit. Vielleicht ist das Alkuin selbst bewusst und auch der Grund dafür, dass er sein Manuskript nicht öffentlich macht. Warum sonst ist das Gedicht bei allen Chronisten während des Mittelalters unbekannt und wird in nur einer erst im 17. Jh. in Saint-Thierry entdeckten Handschrift überliefert oder eventuell in einem zweiten Exemplar, das bei einem Brand am 15. Januar 1774 in der Bibliothek von Saint-Remi zerstört wurde?

Alkuin berichtet weiter, dass der heilige Balthere, als er eines Tages inniglich betet, seine Gedanken nur auf den Himmel gerichtet, plötzlich einen gewaltigen Lärm und ein großes Getöse vernimmt, als wenn eine Horde einen Feind vor sich hertreibt. Aus den oberen Wolken fällt vor seine Füße eine in großer Furcht zitternde Seele, verfolgt von einer drohenden Menge, die entschlossen ist, den unglücklichen Mann mit verschiedenen Bestrafungen zu foltern. Aber jener fromme Vater umfasst die Seele fest mit seinen Armen, drückt sie in einer freundlichen Umarmung an seine Brust und fragt, warum sie auf der Flucht ist und was sie Böses getan hat.

Die Seele antwortet ihm: „Ich war einst ein Diakon, aber ich hatte eine böse Absicht. Ich legte die Hände auf die Brust einer Frau – nicht mehr. Während ich auf der Erde lebte, schämte ich mich, meine Sünde zuzugeben. Deshalb verfolgen mich die grausamen Dämonen ohne Unterlass seit dreißig Tagen, um mich zu peinigen. Ich wurde nicht von ihnen gefangen, aber ich war niemals frei von Angst“. Einer der furchterregenden Dämonen schreit: „Heute wirst du nicht entkommen, nein, noch nicht einmal, wenn dich der heilige Petrus fest in den Armen hielte. Du wirst deine Strafe, die du verdienst, erleiden, du Teufel“. Balthere wird böse über die Beleidigung des Petrus und sagt: „Ich bin hundertmal weniger wert als der Apostelfürst, aber im Vertrauen auf Gottes Güte, sage ich dir, unbarmherziger, grausamer Tyrann, dass du diese Seele heute nicht mit dir in die Hölle tragen wirst“. In andächtiger Meditation kniet Balthere nieder, fleht inständig unter Tränen, unablässig heilige Gebete ausstoßend, zu Gott um Verzeihung für jene Seele, bis er mit seinen eigenen Augen sieht, wie die Seele in den Armen von Engeln hoch über die Sterne in den Himmel getragen wird.

Nach dieser etwas über seine Jenseitsvorstellung aussagenden Schilderung berichtet Alkuin ein anderes Wunder, das Christus in seiner Gnade für den frommen Vater Balthere bewirkt. Es ist das exakte Äquivalent zu dem, das sich in alten Zeiten zuträgt, als Jesus noch auf Erden wandelt. Genau wie Petrus über die Wellen des Meeres schreitet, tut es auch dieser heilige Vater Balthere.

Als er eines Tages auf der Klippe einer Steilküste entlang geht, will es der Zufall, dass er hinunter fällt. Er wird von den Ozeanwellen aufgefangen und wandert über das Wasser mit trockenen Füssen genau so, als ob er über ein Feld ginge, außer dass die Wogen ihn bei seinem Fall von dem Felsen zarter aufnehmen, als die unnachgiebige Erde den Herunterfallenden aufgenommen hätte. Die Wellen fließen, um ihn vor einer Verletzung zu bewahren, bleiben aber so fest unter seinem Schritt, dass er nicht ertrinkt, sondern über das Meer wie auf einem festen Weg fortschreitet bis er zu dem auf dem Wasser driftenden Boot kommt, in das er hinein klettert. Er macht diesen Ausflug so sicher zu Fuß, dass kein Tropfen Wasser an seinen Kleidern, keine Feuchtigkeit an seinen Schuhen ist. Alkuin resümiert, dass sich auf Christi Befehl die Wellen in einen Pfad für die Gerechten und die Erde in einen Strudel für die Bösen verwandeln, das Meer die Demutsvollen trägt und das Land die Stolzen verschlingt und schließt mit den Worten: „Nun, heiliger Balthere, bitten wir dich, genau wie das Meer deinen Körper sicher zu der vertrauten Küste zurücktrug, hilf uns mit deinen Gebeten, dass unsere Seelen den Stürmen dieser Welt entkommen und in den Hafen der Erlösung eintreten".

Danach erwähnt Alkuin kurz einen in jenen Tagen berühmten und ehrwürdigen Einsiedler **Echha** oder **Echa**, der weit von den Menschen entfernt in der Wildnis ein Leben in Keuschheit verbringt und sich von weltlichen Ehren fernhält, um sich der himmlischen mit Gott, dem König, zu erfreuen. Echa führt ein frommes Leben wie ein Engel auf der Erde und sagt vieles von der Zukunft voraus wie ein Prophet.

Schon bei Mabillons Herausgabe der *Editio princeps* des Gedichts über York in 1692 wird festgestellt, dass über Echa nichts in Erfahrung zu bringen ist. Heinrich Hahn will sich damit nicht zufrieden geben, sondern zieht 1880 die Möglichkeit in Erwägung, Echa könnte mit einem Eremiten Etha identisch sein, dessen Todesjahr Simeon von Durham mit 767 angibt.

Die Beschreibung von Echa bricht Alkuin ab mit den Worten: „Meine Muse verbietet mir, mehr über diese Geschichte zu erzählen, da sie weitereilt zum Ende des Gedichts und zu den Taten meines Lehrers, des weisen **Ælberctus** oder **Ælberht**, der Egbert in den Ehren dieses geachteten Bischofssitzes nachfolgt".

Alkuins angeblicher Lehrer Ælberctus oder Ælberht

Nach der vorbereitenden Einführung der fiktiven Balthere und Echa zur Füllung der restlichen Phantomzeit erfindet Alkuin den Priester, Ælberctus oder Ælberht, den er nachträglich in sein Gedicht über York einschaltet, nachdem er über Egberts Tod in 766 nach vierunddreißig Jahren im Bischofsamt bereits berichtet hat, und den er als seinen Lehrer und den Nachfolger Egberts im Erzbischofsamt von York bezeichnet, der aber in keiner anderen unabhängigen Quelle genannt wird, also eine reine Erfindung Alkuins ist.

Wie alle anderen vorher in seinem Gedicht beschriebenen Bischöfe, teilweise mit den gleichen oder ähnlichen Worten, lobt Alkuin in idealisierender Weise den hervorragenden Ælberht als einen guten und gerechten Mann, großzügig, fromm und freundlich, Pfeiler, Lehrer und Verehrer des katholischen Glaubens, Leiter und Meister seiner Kirche, ihr Beschützer und ihr Sohn, zudem ein Förderer von Gerechtigkeit und Gesetz, Verkünder der Erlösung, Hoffnung und Wohltäter der Armen, Vater der Waisen, Tröster der Notleidenden, hart und streng zu den verstockten Sündern, barsch zu den Stolzen, aber freundlich und liebevoll zu den Guten. Der mit einem kritischen Intellekt begabte Ælberht ist in seiner Rede nicht langatmig, in seinen Taten indes energisch und er wird immer bescheidener, je größer und höher er in seinen Ehren aufsteigt. Kurz Alkuin lässt keine gute Eigenschaft aus, die nicht auf den erfundenen Lehrer Ælberht zutrifft.

Wir erfahren, dass der mit Erzbischof Egbert blutsverwandte Ælberht aus einer vornehmen Familie stammt, die ihn früh mit Sorgfalt den heiligen Studien weiht und ihn in seiner Knabenzeit in ein Kloster gibt, damit seine geistigen und seelischen Kräfte während seiner jungen Jahre reifen sollen, ein Vorrecht, das man üblicherweise nachgeborenen oder unehelichen Kindern des Königs oder eines Prinzen angedeihen lässt, oder nachsagt, wenn der Betreffende später eine herausragende Stellung erreicht. Die Charakterisierung Ælberhts kann auch auf Alkuin selbst zutreffen, der sie zur Verschleierung seiner eigenen Lebensgeschichte, wie sie sich partiell zuträgt oder er sie sich wünscht, auf seinen hypothetischen Lehrer überträgt.

Ehe Alkuin in seiner wortreichen Lobpreisung fortfährt und erzählt, dass Ælberht von seinen frühesten Tagen an die herrlichsten Dinge faszinieren, die ihn zu den höchsten Gipfeln der Gelehrsamkeit tragen und ihm die Geheimnisse der Weisheit enthüllen, richtet er in der Absicht, Ælberht in den Geschichtsablauf zu integrieren, eine Bitte an die jungen Männer von York, ein wenig weiter mit ihm zu wandern, um mit seinem Gedicht Schritt zu halten.

Alkuins Aussagen ist nicht zu entnehmen, wann Ælberht geboren wird, wo der in allen Fächern geschulte Ælberht seine Ausbildung erhält, die klerikale Laufbahn beginnt oder seine Lehrtätigkeit ausübt, sondern nur, dass die Gelehrsamkeit des außerordentlichen Knaben mit seinen Lebensjahren wächst, so dass die hohen Hoffnungen der anonymen Eltern nicht vergeblich sind und ihre Erwartungen nicht enttäuscht werden.

Ælberht wird zu gegebener Zeit ein heiliger Diakon, erfüllt in seiner Jugend diese Aufgabe gut und erfolgreich, empfängt als aufrechter Mann die Priesterweihen, schreitet in seinen heiligen Taten und Verdiensten fort und wird als frommer Priester und weiser Lehrer in jeder Hinsicht ein guter Gefährte des Erzbischofs Egbert, der ihn dazu auswählt, den ganzen Klerus zu verteidigen und ihn zu einem Lehrer in der Stadt York ernennt. Ælberht füllt die Herzen mit Strömen von Weisheit und Gelehrsamkeit, fördert jeden nach seinen individuellen Anlagen, unterrichtet einige sachkundig in den Künsten und Regeln der Grammatik, gießt über andere eine Flut rhetorischer Eloquenz aus, poliert einige mit dem Wetzstein der wahren Rede, lehrt andere Gesang und Musik und führt sie mit lyrischen Schritten über die Höhen des Parnassus, erklärt die Harmonie der Sphären, die fünf Zonen des Himmels, die Bewegungen von Sonne und Mond, die sieben Planeten, den Auf- und Niedergang der Himmelskörper, die Bewegungen der Luft, die Beben auf der Erde und im Meer, die Mathematik, die Natur der Menschen, Haustiere, Vögel, wilden Tiere und so weiter.

Wann immer Ælberht, der auch den Tag für die Feier des Osterfestes reguliert, das Mysterium der heiligen Schrift ergründet und enthüllt sowie die Tiefen der rauen und alten Gesetze auslotet, junge

Männer mit ausgezeichnetem Charakter sieht, nimmt er sie zu sich, um sie liebevoll zu unterrichten und so hat dieser Lehrer mehrere Schüler, die er in einzelnen Disziplinen mit Hilfe der heiligen Schriften unterweist.

Die detaillierte Aufzählung der Fächer, in denen Ælberht angeblich die jungen Männer unterrichtet, liest sich wie das Curriculum des *trivium* und *quadrivium* für Klosterschulen, obwohl nicht sicher ist, ob in der ersten Hälfte des 8. Jh. dem Bischofssitz in York eine Schule angegliedert ist, da eine Gründung nirgends genannt wird und Alkuin sich ganz bewusst so indifferent äußert, dass es dem Rezensenten überlassen bleibt, darüber zu entscheiden. Erst in den letzen Zeilen des Gedichts, das eine Hommage an York darstellt, deutet Alkuin an, dass er seit seiner frühesten Jugend in dieser Stadt gehegt, gepflegt und erzogen wird.

In seinem Lob auf Ælberht vermittelt Alkuin Selbstverständlichkeiten, die er teilweise auch anderen von ihm beschriebenen Bischöfen zuteil werden lässt, Allgemeinplätze, die auf jeden Priester zutreffen und führt – wie gesagt – Ælberht erst ein, nachdem er schon den Tod dessen angeblichen Gönners Egbert in 766 berichtet hat.

Die Charakterisierung Ælberhts umfasst mehr als zweihundert Zeilen, beginnt in Vers 1395 und endet, bis auf einen Abgesang mit einem pflichtmäßigen Wunder, am Ende des Gedichts. Trotz der vielen Worte gestaltet Alkuin die Information über Ælberht bewusst wenig erhellend, bleibt deshalb widersprüchlich und gibt kein klares Bild, da wie üblich, keine Jahreszahlen oder Ereignisse genannt werden.

Alles deutet darauf hin, dass Alkuin das Gedicht über York in antizipatorischer Absicht schreibt und in einer Schublade verschließt, um den Zeitpunkt abzuwarten, bis das kommunikative Gedächtnis dem kulturellen gewichen ist und kein Zeitzeuge mehr lebt, der seine Angaben in Frage stellen kann. Ob in Saint-Thierry in Frankreich oder in einem anderen Versteck überdauert das Gedicht über York dann ungesehen und ungelesen die Zeit bis ins 17. Jahrhundert. Wenn dem so ist, lassen sich viele Ungereimtheiten erklären, unter anderem die oft vagen Erklärungen, die verwendeten Klischees, die berichteten Banalitäten und vor allem, warum Alkuin und sein Werk während des gesamten Mittelalters unbekannt sind.

Aber zurück zur Darstellung des fiktiven Ælberht, der nach Alkuin mehr als einmal mit Freuden die Route der Wallfahrer in fremde Länder nimmt, geleitet von der Liebe zur heiligen Weisheit, in der Hoffnung, dort neue Bücher und Studien zu finden und sie mit nach England zurück zu bringen. Die Reise auf den Kontinent und nach Rom ist eine nach der Christianisierung Englands für jeden Kleriker übliche Gewohnheit oder sogar obligatorische Verpflichtung, die unter vielen anderen auch für Abt Benedikt Bischof und seinen Nachfolger Ceolfrith aus Bedas Kloster Wearmouth und Jarrow bezeugt ist (Beda IV/18, S. 370).

Ælberht reist frommerweise auch in die Stadt Rom und besucht, reich in der Liebe zu Gott, die heiligen Stätten weit und breit. Auf seiner Heimreise wird der große Lehrer überall von den Herrschern der Erde mit Ehren empfangen und mächtige Könige wünschen, ihn bei sich zu behalten, um ihre Felder mit dem Strom heiligen Lernens zu wässern, eine Parallele zu den hypothetischen Beziehungen, die Alkuin zu dem fiktiven Karl dem Großen nachgesagt werden, den er angeblich in Parma oder Padua auf der Rückkehr von einer Romreise treffen soll.

Aber Ælberht eilt zu der Aufgabe, sagt Alkuin, die Gottes Gnade für ihn vorgesehen hat. Der Meister kehrt zurück, um seinem Heimatland zu dienen. Nach seiner Rückkunft an die heimatlichen Küsten wird er bald mit der Übernahme einer pastoralen Aufgabe betraut und durch öffentlichen Zuruf zum Erzbischof gekürt, eine Utopie, weil die Berufung zum Erzbischof nicht kraft Akklamation erfolgt, sondern mittels Übersendung des Palliums durch den Papst.

Wegen seiner heiligen Werke soll sich Ælberht als ein Schatz seines Amtes und in jeder Hinsicht als ein guter Hirte erweisen, der Gottes Herde hütet, den Wolf von ihr abhält, der den Lämmern Christi Schaden zufügen will, den Gläubigen die Speise des heiligen Wortes anbietet, sie vor nagendem Hunger und quälendem Durst bewahrt, die in der endlosen Wüste verirrten Wanderer auf liebevollen Schultern zurück zur Herde des Herrn trägt und jene mit den schrecklichen Bestrafungen des Gesetzes verfolgt, die seinen freundlichen Predigten nicht beiwohnen wollen, das heißt, wer sich nicht mit der Kirche konform verhält und den Vorschriften ihrer Vertreter nicht beugt, fällt durch das Raster, wobei es nicht nur um die Existenz gehen kann.

In seinem Sinn für Gerechtigkeit soll Ælberht auch die unfügsamen Könige und Edlen nicht aussparen, sondern auch Hochgestellte tadeln, wie es auch Alkuin angedichtet wird, der Karl den Großen wegen seiner grausamen Vorgehensweise gegen die Sachsen rügen und zur Rede stellen soll.

Ælberhts vorheriger Eifer und Fleiß, die heilige Schrift zu lesen, wird unter der Last der Verantwortung nicht geringer und er ist beides in einem, ein weiser Lehrer und ein frommer Priester, der bei einigen das Verständnis verbessert und den Charakter anderer veredelt. Als dieser Vater zu der hohen Ehre voranschreitet, ändert er nicht seine Gewohnheiten im Essen und Trinken. Obwohl er den Luxus meidet, ist er kein Fanatiker für die exzessiv einfachen Speisen, sondern genießt stattdessen das Mittelmass, was ja auch von Alkuin bekannt ist, der auch gern mal einen guten Tropfen trinkt.

Ab Vers 1488 berichtet Alkuin, dass Ælberht die Kirchen mit Ornamenten von ausgesuchter Schönheit ausstattet, um den Glauben zu fördern. An der Stelle (in der Kirche von York, was Alkuin nicht ausdrücklich sagt), an der Edwin, der Kriegerkönig, 627 getauft wird und damit in Nordhumbrien das römische Christentum einführt, das nach seinem Tod 633 allerdings einen Rückschlag erleidet, soll Bischof Ælberht einen großen Altar errichten, ihn mit Gold, Silber und Edelsteinen schmücken und dem Namen des heiligen Paulus widmen, des universalen Lehrers, den er von ganzem Herzen liebt. Über den Altar soll er einen Leuchter mit drei großen Haltern hängen, in jedem eine Reihe von neun Kerzen, und er soll ein silbernes Kreuz aufstellen. Einen zweiten Altar soll er den Märtyrern und dem Kreuz widmen, mit reinem Silber und erlesenen Steinen bedecken und eine gewichtige Flasche aus purem Gold herstellen lassen, aus der die Priester, wenn sie die heilige Messe zelebrieren, den Wein in den Kelch gießen.

Die Basilika *Alma Sophia* oder *Sancta Sophia*

Damit aber nicht genug. Alkuin erzählt weiter, dass in York während Ælberhts Episkopats der Bau einer neuen Basilika in einem herrlichen Design begonnen, fertig gebaut und geweiht wird. Dieses erhabene Gebäude soll sich auf starke Säulen stützen mit glänzenden Arkaden,

Decken und Fenstern versehen sein, in dem außerordentlichen Glanz der Schönheit und einer reich gegliederten Innenausstattung leuchten und sage und schreibe dreißig herrliche Altäre besitzen.

Mit den Worten: „Auf Geheiß ihres Lehrers wird diese Kirche von Eanbald und Alkuin gebaut, die bei dieser Aufgabe mit großer Hingabe zusammenarbeiten" führt Alkuin nicht nur Eanbald ein, den Ælberht angeblich zwei Jahre und vier Monate vor seinem Tod (Vers 1565) zum Hilfsbischof weiht und zum Nachfolger im Erzbischofsamt bestimmt, sondern nennt auch zum ersten Mal seinen eigenen Namen, spricht quasi von sich selbst in der dritten Person und erwähnt seine baumeisterlichen Fähigkeiten, die sonst nicht bezeugt sind.

Der Bericht über den Bau der Basilika *Sancta Sophia* bereitet der Interpretation Schwierigkeiten. Von Beda wissen wir, dass König Edwin von Nordhumbrien im elften Jahr seiner Regierung von dem am 21. Juli 625 von Erzbischof Justus von Canterbury zum Bischof geweihten römischen Missionar Paulinus am heiligen Tag des Osterfestes, dem 12. April 627, mit allen Edlen seines Stammes und dem größten Teil seines Volkes getauft wird und zwar in der Kirche des heiligen Petrus zu York, die Edwin selbst aus Holz in schneller Arbeit baut, als er dort den Katechetenunterricht erhält und für den Empfang der Taufe vorbereitet wird.

Edwin richtet seinem Lehrer und Bischof einen Bischofssitz in York ein und Paulinus predigt von da an sechs aufeinander folgende Jahre lang mit Zustimmung und Begünstigung Edwins bis zu dessen Tod, nicht nur in Nordhumbrien, sondern auch im Land Lindsey, das am südlichen Ufer des Flusses Humber liegt und bis zum Meer reicht.

Unter Anleitung dieses Paulinus beginnt Edwin eine größere und erhabenere Kirche zu bauen, in deren Mitte die vorher gebaute Kapelle eingeschlossen werden soll, aber bevor die Wandhöhe erreicht ist, wird der König durch ein ruchloses Verbrechen getötet und hinterlässt dieses Werk seinem Nachfolger Oswald zur Vollendung (Beda II/14, S. 184 f.).

Beda kommt nicht mehr auf den von Edwin um die Holzkapelle herum begonnenen Kirchenbau zurück und Erzbischof Wilfried I. von York läßt nach Mitteilung seines Biografen Eddius Stephanus um 670 die inzwischen baufällig gewordene Kirche wieder instand setzen. In 685 wird der heilige Cuthbert in Anwesenheit von König Ecgfrith von

Nordhumbrien in York zum Bischof von Lindisfarne geweiht, wobei sich zu seiner Weihe sieben Bischöfe versammeln, unter denen Erzbischof Theodor von Canterbury seligen Angedenkens den Vorsitz führt (Beda IV/28, S. 418). Dabei erwähnt Beda nur die Stadt York, aber keine Kirche, so dass die Weihe Cuthberts selbstredend noch in Edwins Taufkirche stattfindet.

Alkuin erzählt in seinem Gedicht, ohne eine in York befindliche Kirche zu nennen, dass der fiktive Ælberht an der Stelle, an der Edwin 627 die Taufe erhält, zwei Altäre aus Gold, Silber und Edelsteinen mit einem außerordentlichen Kreuz errichtet und benutzt diesen Bericht zur Überleitung auf die neue Basilika, die noch von Ælberht geplant, erbaut und neun Tage vor Ælberhts Tod, im dritten Jahr seines Rückzugs vom Amt des Erzbischofs von ihm unter der Assistenz seines Nachfolgers Eanbald der heiligen Weisheit geweiht wird.

Über diese nur aus Alkuins Gedicht bekannte Basilika ist bisher viel gerätselt worden, weil von ihr keine Spuren erhalten sind, aber auf den wirklich nahe liegenden Gedanken, dass sie, wie auch ihr Initiator Ælberht, ein Hirngespinst Alkuins ist und niemals existiert hat, ist bisher noch niemand gekommen. Der Trick Alkuins, in drei Vierteln seines Gedichts über York die Vorgaben Bedas literarisch zu veredeln, verschafft ihm Glaubwürdigkeit, und stellt auch seine fiktiven Berichte nicht in Frage. Ganz im Gegenteil: Nach der Auffindung des Manuskripts im späten 17. Jh. bemühen sich die Spezialisten für die altenglische Geschichte nicht nur, Relikte von der Kirche *Sancta Sophia* zu finden, sondern auch auf Biegen und Brechen die Biografie des von Alkuin so hoch gepriesenen Ælberhts zu ergründen und zu verifizieren, dessen Leben und Taten vornehmlich und allein durch Alkuins Gedicht über York bezeugt sind.

Heinrich Hahns Forschungen

Auf der verzweifelten Suche nach Ælberhts Identität berichtet Heinrich Hahn in *Forschungen zur deutschen Geschichte* (1880, S. 562), dass Bischof William Stubbs, der sich im 19. Jh. eingehend mit der altenglischen Literatur beschäftigt, die Vermutung ausspricht, dass die geschichtlichen Angaben über die spätere Regierungszeit Karls des Großen von den achtziger Jahren an vielleicht der Feder Alkuins entstammen, was Pauli, wie Hahn berichtet, nur mit einigem Widerstreben erwähnt und stattdessen eine andere Vermutung ins Spiel bringt, nämlich, dass die Nachrichten, welche sich auf Karls Anfänge und die Sachsenkriege in Simeon von Durhams Chronik beziehen, mit einem Bischof Alubert in Verbindung stehen, der auf Wunsch Gregors von Utrecht als Missionsbischof bei den Altsachsen ernannt wird.

Die nicht abwegige Vermutung von Bischof Stubbs, dass Alkuin der Urheber der Mystifikation Karls des Großen ist, wird von Hahn nicht weiter beachtet oder verfolgt, aber an die aus der Luft gegriffene Hypothese von Pauli über die Gleichsetzung von Alubert und Ælberht, klammert sich Hahn wie an einen Strohhalm und möchte seinerseits „den Nachweis versuchen, dass in der That dieser Zusammenhang wie die Identität von Ælberht und Alubert nicht zu den Unmöglichkeiten gehört", gibt aber zu bedenken, „dass mehr als der Beweis der Möglichkeit bei allen diesen Quellenuntersuchungen, wenn nicht besonders günstige Nachrichten vorhanden sind, nicht zu führen ist".

Es ist zweckmäßig, sich den durch den Einschub der Phantomzeit erfolgten Wandel in der Zeitrechnung von Zeit zu Zeit in Erinnerung zu rufen, um stets vor Augen zu haben, dass die nach 614 weiter in die alte Inkarnationszeit datierten Ereignisse und Personen in der Regel einer 297 Jahre jüngeren Zeit angehören und ihr zugeordnet werden müssen. Die Existenz eines bei den Altsachsen oder in Friesland operierenden Missionsbischofs Alubert braucht deshalb nicht einmal erfunden zu sein, er müsste nur um rund drei Jahrhunderte verjüngt werden, was Hahn allerdings nicht weiß und deshalb auch nicht überblickt. Die fakultative Gleichsetzung Aluberts mit dem von Alkuin kreierten Ælberht hätte er sich allerdings sparen können.

Heinrich Hahn reflektiert, ohne zu einem definitiven Ergebnis zu kommen, dass bei dem Schwanken der Namensschreibung im frühen Mittelalter und der (vermeintlich) späten Wiedergabe in Simeon von Durhams Chronik sich der Name von Ælberht in Alubert verwandelt haben könnte. Er hält die Schwierigkeiten, die dieser Annahme entgegenstehen, nicht für unüberwindlich und nennt mehrere kontinentale Chroniken aus der alten Inkarnationszeit, die deutlich den Namen Alubert für einen Missionsbischof haben.

Als Beispiel führt er die *Vita S. Liudgeri* an, die berichtet, dass Alubert zu Gregor nach Utrecht kommt, dann in Begleitung von Liudger und Sigibod zu seinem Bischof zurückkehrt, sich von diesem zum Bischof weihen lässt, während Sigibod die Weihe zum Presbyter und Liudger zum Diakon empfangen und Alkuin zu dieser Zeit dort Lehrer ist. Nach dem Aufenthalt von einem Jahr in York kehrt Alubert in Begleitung von Liudger nach Friesland zurück, bleibt bei Gregor als geistlicher Mitarbeiter und geht, so wähnt Hahn, was aber nicht in der *Vita S. Liudgeri* steht, nach Egberts Tod wieder nach York zurück und übernimmt dort 767 das Amt des Erzbischofs, eine Konstruktion, die mit der von Alkuin erfundenen Biografie Ælberhts nicht in Einklang zu bringen ist.

Altfrieds *Vita S. Liudgeri*

Hahn referiert weiter die um die Mitte des 9. Jhs. von Altfried, dem dritten Bischof von Münster, verfasste *Vita S. Liudgeri,* in der kein Bischof von York mit Namen genannt und keine Jahresangaben gemacht werden. Er übersieht aber, dass Liudger nach der Biografie 744 geboren und bei seinem ersten Aufenthalt in York zum Diakon geweiht wird, was in England ab dem neunzehnten Lebensjahr möglich ist, wie wir von Bedas Weihe wissen. Da Liudger nach einem Jahr mit dem Missionsbischof Alubert zurück nach Friesland geht, ist er zu diesem Zeitpunkt mindestens zwanzig Jahre alt und wir schreiben das Jahr 764. Eine andere Quelle nennt als Geburtsjahr Liudgers 742, danach wäre er in 764 zweiundzwanzig Jahre alt, was aber, wie wir sehen werden, vernachlässigt werden kann, weil es auf dasselbe hinausläuft.

Heinrich Hahn geht in seiner Interpretation davon aus, dass der in der *Vita S. Liudgeri* genannte Alubert ein nordhumbrischer Missionar ist, der nach einem Aufenthalt auf dem Kontinent noch einmal in Begleitung von Liudger und Sigibod nach York geht, um sich zum Bischof weihen zu lassen, nach einem Jahr auf das Festland zurückkehrt und ab 755 bis 767 zusammen mit Gregor in Friesland und Altsachsen missioniert. Nach Egberts Tod soll er nach York zurückgehen und die Nachfolge im Erzbischofsamt übernehmen.

Das ist eine verwirrende Annahme, die schon deshalb nicht stimmen kann, weil Liudger, der Alubert nach York und auch wieder zurück begleitet, nach seiner Geburt in 742 oder 744 nicht schon vor 755, im Alter von elf oder dreizehn Jahren, Diakon werden kann, die aber auch nicht konform geht mit der erfundenen Biografie Ælberhts, der seine Zeit nur in York verbringen soll, wie Alkuin schreibt, außer den späteren Auslands- und Romreisen, die aber nicht der Mission dienen.

Über Hahns Zuschreibungen mit vielem „Wenn“ und „Aber“ können wir eigentlich nur den Kopf schütteln, wir erfahren jedoch, wie verbissen sich die Geschichtsforscher des 18. und 19. Jhs. mit den anstehenden Problemen beschäftigen und nach Lösungen suchen, die sie teilweise an den Haaren herbeiziehen, die aber ohne den Einschub einer Phantomzeit nicht zu finden sind.

Altfried berichtet weiter, dass Liudger nach seiner ersten Rückkehr aus Nordhumbrien versucht, die Friesen zur Wiederaufnahme des christlichen Glaubens zu bewegen, sich dann aber gegen den Wunsch seiner Eltern und Gregors erneut zu seinem Lehrer Alkuin nach York begibt, was unter Berücksichtigung des Einschubs der Phantomzeit etwa zu der Zeit geschieht, zu der die Skandinavier verstärkt versuchen, in Nordhumbrien Fuß zu fassen und König Harold von England die von seinem Bruder Tostig unterstützten Norweger an der Stamford Brücke bei York besiegt, bevor es Herzog William von der Normandie gelingt, in der Battle of Hastings am 14. Oktober 1066 England zu erobern, worüber ich in Heft 1/2008 der *Zeitensprünge* ausführlich berichte.

Damit wird klar, warum Liudgers Eltern gegen die zweite Reise ihres Sohnes zu Alkuin Einwände erheben, denen sich auch Gregor von Utrecht anschließt. Liudgers Studienzeit von dreieinhalb Jahren während seines zweiten Aufenthalts bei Alkuin in York schließt offensichtlich die drei Jahre mit ein, um die der Einschub in die Phantomzeit bei der normannischen Eroberung in England von 297 Jahren auf 300 Jahre aufgerundet und verlängert wird.

Bei der Erstellung der *Vita S. Liudgeri* in der Mitte des 9. Jhs. muss der Biograf Altfried in die alte Inkarnationszeit datieren, da er in diese Zeit hineingeboren wird und sich seine Zeitgenossen noch an den ersten Bischof von Münster, den etwa vier Jahrzehnte vorher verblichenen Liudger, erinnern, wie auch an die Personen seines Umfelds, die sich noch im Rahmen des kommunikativen Gedächtnisses bewegen. Er kann die Kontinuität in der Berichterstattung nicht unterbrechen oder abändern und der Umstellung in der Geschichtsschreibung Ausdruck verleihen, deren Grund, Anlass und Ausmaß er bestimmt auch nicht kennt. Da ihm die sich anbahnende und teilweise schon durchgeführte neue Datierung in der Zeitrechnung nicht unbekannt sein kann, umschreibt er die Folgen der normannischen Eroberung indifferent mit ‚Feindseligkeiten zwischen den Landesbewohnern und den Fremden' und vermittelt damit, dass der Umbruch in England nicht so friedlich und unkompliziert verläuft, wie er meist dargestellt wird (*ZS*, 3/2008, S. 708/10).

Nach seinem abenteuerlichen zweiten Aufenthalt bei Alkuin in York und seiner Rückkehr nach Friesland widmet sich Liudger weiterhin erfolgreich der Mission. In 784 absolviert er die für alle Geistlichen verpflichtende Reise nach Rom, wird später der erste Bischof des Bistums Münster in Westfalen, gründet ab 804 nicht nur Pfarrkirchen im Münsterland, sondern auch die Klöster Helmstedt und Werden sowie das Frauenkloster Nottuln, stirbt am 26. März 809 in Billerbeck und wird in Werden begraben. Alles in der alten Inkarnationszeit.

Aus der Feder Liudgers sind keine schriftlichen Dokumente erhalten, aber über den ersten Bischof von Münster und Schüler Alkuins sind vier Biografien überliefert, die 1881 von Diekamp in Bd. IV der *Geschichtsquellen des Bistums Münster* herausgegeben werden.

Altfrieds Beweis für die Phantomzeit

Altfried schreibt, dass Liudger **durch die Feindseligkeiten zwischen den Landesbewohnern und den Fremden zum Verlassen Yorks genötigt**" wird. Dieser Satz aus der *Vita S. Liudgeri* ist ein direkter Beweis für die Phantomzeit, da es sich bei den als Feindseligkeiten zwischen den Landesbewohnern und den Fremden umschriebenen Querelen nur um die Verhältnisse in York unmittelbar nach der normannischen Eroberung handeln kann, als die widerrechtlich in das Land eingefallenen Normannen auch Nordhumbrien in Besitz nehmen und dabei nicht zimperlich vorgehen.

William von der Normandie lässt sich an Epiphanias 1067 (6. Januar) zum englischen König krönen. Während der Krönungsfeierlichkeiten entzünden seine vor der Kirche wartenden Bewacher mit ihren Fackeln einen Brand, der später als ein Versehen ausgegeben wird, dem aber drei Viertel der aus Holz gebauten Häuser in London zum Opfer fallen.

Nach der Krönung ist es für William die wichtigste Aufgabe, sich der Gunst des einheimischen Klerus zu versichern und die eingesessenen angelsächsischen Kleriker in den unversehrten Kirchen und Klöstern in ihren Ämtern neu zu bestätigen. Die angelsächsischen Priester und Bischöfe, die nicht bedingungslos zu einer Zusammenarbeit bereit sind, werden ihres Amtes enthoben und gegen vorausschauend vom Festland mitgebrachte normannische Geistliche ausgetauscht (ZS. 3/2007, S. 710).

Bekanntlich zeigt der nordhumbrische Klerus wenig Bereitschaft zur Übernahme der normannischen Gesetze und ist deshalb verstärkt von der Absetzung und dem Austausch betroffen. Ein Grund für die Zurückhaltung der Nordhumbrier in der Zusammenarbeit mit den Normannen ist der Einschub der Phantomzeit, die in einigen Gebieten Englands, zum Beispiel in Durham und Wessex, bereits vollzogen ist und von den neuen Landesherren ohne viele Worte flächendeckend und kompromisslos im ganzen Land eingeführt wird, während die Nordhumbrier an der Kontinuität der alten Inkarnationszeit und der Tradition Bedas festhalten wollen.

Aus der gewaltsamen Vertreibung Liudgers ist zu schließen, dass auch Alkuin von der Säuberungsaktion betroffen ist und sein Amt verliert, obwohl er aus gutem Grund selbst nichts darüber verlautbart, weil er ja sonst die Phantomzeit hätte erwähnen müssen.

Die Historiker und Literaturwissenschaftler, die sich bisher mit Alkuin beschäftigen, bestätigen ausnahmslos, dass dieser Nordhumbrien verlässt, um auf dem Festland zu leben. In Unwissenheit über die Umstände, die zu dem Wohnsitzwechsel führen, entwickeln sie eine absurde Theorie, die sie in Alkuins Werk hinein interpretieren und die in der erfundenen Story gipfelt, dass Alkuins

Übersiedlung auf Einladung von Karl dem Großen erfolgt und er an dessen Hof eine bedeutende Rolle spielt.

Ganz sicher sind es die fehlenden Zukunftsperspektiven, die Alkuin zu dem Schritt bewegen, Nordhumbrien zu verlassen. Der Auslöser ist, wie erwähnt, neben der in ganz England einheitlich eingeführten neuen Zeitrechnung auch der Umstand, dass die kirchlichen und weltlichen Positionen mit normannischen Geistlichen und Adligen umbesetzt werden. Die angelsächsische Oberschicht wird verfolgt, entrechtet, abgesetzt und enteignet. In dem 1086 erstellten ***Doomsday Book*** werden alle Ländereien Englands aufgelistet und von König William an seine Gefolgsleute verteilt, was an vielen Beispielen belegt ist. Als 1083 die Landessprache von Altenglisch auf das normannische Französisch umgestellt wird, ist Alkuin auf jeden Fall nicht mehr davon betroffen, zum einen, weil er nicht englisch sondern lateinisch spricht und zum anderen, weil er schon auf dem Kontinent ist.

Erzbischof Koaena oder Coena von York

Als Ergänzung berichtet Hahn ein anderes Forschungsergebnis, dessen Tragweite ihm offenbar nicht bewusst ist und das er demzufolge auch nicht richtig bewerten kann. In der Briefsammlung des Bonifatius befinden sich zwei Briefe, einer an und einer von *Koaena* oder *Coena,* von dem noch ein weiterer Brief mit übereinstimmendem Inhalt an Guthbert, den Abt von Wearmouth, erhalten ist, der die gleichen Redewendungen, Klagen, Bitten, Geschenke und landschaftlichen Briefziele enthält.

Dieser durch die Briefe belegte Coena wird nach den Ausführungen von Hahn in einem nicht näher definierten Bischofskatalog von York als Erzbischof zwischen Egbert und Eanbald für die gleiche Zeit ausgewiesen, in der nach Alkuins Gedicht das Amt der erfundene Ælberht innehaben soll, der aber in dem Bischofskatalog überhaupt nicht erwähnt wird. Das impliziert, dass der anonyme und zeitlich nicht festgelegte Verfasser des Bischofskataloges im Bemühen um die Kontinuität in der Zeitrechnung und die dafür erforderliche Füllung der Phantomzeit, entweder schon vor Alkuin oder in Unkenntnis der ihm zuvorgekommenen Dichtung Alkuins, Coena das Episkopat von

York zuschreibt und damit für die gleiche Zeit einen zweiten phantomzeitlichen Erzbischof von York erfindet.

Der von Hahn zitierte Jaffé, der Ende des 19. Jhs. frühmittelalterliche Briefsammlungen herausgibt, vertraut dem ominösen Bischofskatalog, stützt sich zusätzlich auf eine weniger bekannte Chronik und setzt Coena, den er durch die Briefe als existent erachtet, was durchaus nicht erwiesen ist, da es sich bei den Briefen auch um Fälschungen handeln kann, kurzerhand auf dem Papier als Erzbischof von York für 767–781 ein, macht aber keine Andeutung, wie Hahn ausdrücklich mitteilt, dass er Coena und Ælberht für die gleiche Person hält. Auf die erwähnte Chronik, auf die sich Jaffé stützt, kann Hahn nicht näher eingehen, weil sie ihm, wie er vor einhundertdreißig Jahren schreibt, gerade nicht zur Hand ist. So schreibt einer vom anderen ab, fälscht oder kombiniert und die Sache wird kompliziert und immer verwirrter, nur weil keiner die Phantomzeit kennt oder erahnt.

Hahn betont nachdrücklich, dass in dem Bischofskatalog von York zwischen Egbert und Eanbald kein anderer als Coena aufgeführt ist und fährt fort: „Nun ist freilich auffällig, dass Alkuin diesen Namen nicht erwähnt, während er doch seinen Lehrer Ælberht ausführlich bespricht. Andererseits ist aber auch nirgends bemerkt, dass Ælberhts Verwaltung eine Unterbrechung durch einen andern erlitten hätte". Er führt einige Beispiele an, in denen dies geschehen ist und resümiert: „Auf Egbert folgt Ælberht, der als Hochbetagter seinen Schüler Eanbald in 778, zwei Jahre vor seinem Tod, zu seinem Stellvertreter und Nachfolger bestimmt, um ein beschauliches Einsiedlerleben zu führen".

So stellt sich Heinrich Hahn das vor! Er folgert aber ganz vernünftig: „Da eine Unterbrechung ausgeschlossen erscheint, könnte in dem Bischofskatalog ein Irrtum vorliegen", gibt jedoch sogleich wieder skeptisch zu bedenken: „Aber auch diese Annahme wird wankend eben durch das Vorkommen jenes Namens in den Briefen". Mit dem Wissen über eine Phantomzeit hätte Heinrich Hahn erkannt, dass weder Ælberht noch Coena Erzbischof von York sein können, sondern Erfindungen sind, die der Füllung der eingeschobenen Zeit dienen und er hätte das Problem, das ihn so intensiv beschäftigt, lösen können.

In Ermangelung der Kenntnis über die Phantomzeit ignorieren die Historiker und Literaten des 19. und 20. Jhs. die ungelösten Probleme. Damit die Kritik über die Nachfolge im Bischofsamt in York nicht in eine Sackgasse gerät, schenken die von Heinrich Hahn angeführten Interpreten Haddan und Stubbs der alternativen Frage Coena *oder* Ælberht keine Aufmerksamkeit mehr, sondern sehen die Sache eher unproblematisch. In ihrer Überschrift „Cena alias Ethelberht" setzen sie die beiden fiktiven Bischöfe (oder Erzbischöfe) von York gleich. Damit ist ‚Coena' auf ‚Cena' geschrumpft und mit Ælberht, kurzerhand in Ethelberht abgeändert, zu einer Person verschmolzen. Unter diesem Aliasnamen wird der auf Egbert folgende phantomzeitliche Bischof oder Erzbischof von York bis heute geführt.

Das Yorker Münster

Trotz intensiver Nachforschungen gelingt den Wissenschaftlern weder der Nachweis der Existenz Ælberhts noch der von ihm initiierten und der *Sancta Sophia* geweihten Basilika. Das ist kein Wunder, weil man etwas, das es nicht gibt, nicht finden oder beweisen kann.

In der zweiten Hälfte des vorigen Jahrhunderts werden Maßnahmen zur Stützung und Festigung der Türme des Yorker Münsters erforderlich, die ab 1967 durchgeführt und mit einem überraschenden Ergebnis 1973 abgeschlossen werden. Die bei der Konsolidierung des Münsters in York entdeckten frühesten Fundamente sind unanfechtbar das Werk des **Thomas von Bayeux**, des ersten normannischen Erzbischofs von York, dessen Episkopat von 1070 bis 1100 währt und der nach verbürgter Überlieferung das Münster einige Jahre nach seinem Amtsantritt errichten lässt.

Wie aus dem von Derek Phillips 1975 erstellten Bericht in *Friends of York Minster 46th Annual Report* über die zwischen 1967–73 durchgeführten Ausgrabungen am Yorker Münster hervorgeht, lassen sich von früheren Kirchen aus angelsächsischer Zeit in York keine Spuren oder Überreste nachweisen, was für Edwins hölzerne, leicht vergängliche Taufkirche verständlich ist, für die imposante Basilika *Sancta Sophia* aber die Gewissheit erbringt, dass 778/80 in York keine Basilika geplant, erbaut und geweiht wird, wie Alkuin behauptet, und zwar wider besseres Wissen behauptet, da er sich gewissermaßen selbst einbringt und für den Bau verbürgt, nach seinen eigenen Worten sogar selbst und ein anderer Zeitgenosse namens Eanbald, beides angebliche

Schüler Ælberhts, auf Geheiß ihres Lehrers die Basilika erstellen und bei dieser Aufgabe in einträchtiger Hingabe zusammen arbeiten.

Das bei den Ausgrabungsarbeiten gewonnene Forschungsergebnis bekundet nicht nur, dass die Basilika *Sancta Sophia* nur der Phantasie Alkuins entspringt, der mit der Erfindung dieser imaginären Kirche versucht, das durch den Einschub der leeren Zeit entstandene Loch in der Zeitgeschichte zu füllen, sondern es liefert auch mit dem Nachweis, dass Thomas von Bayeux der erste Erbauer des Yorker Münsters ist, einen eindeutigen Beweis für die Phantomzeit, die im restlichen England und Nordhumbrien bei der normannischen Eroberung mit dem Sprung von 766 auf 1066 offiziell wird.

Unter Berücksichtigung des Zeiteinschubs von 300 Jahren fallen die fiktive Bauzeit von Alkuins erfundener Basilika im 8. Jh. der alten Inkarnationszeit und die Errichtung des Yorker Münsters durch Thomas von Bayeux einige Jahre nach seiner Ernennung zum Erzbischof von York im 11. Jh. der neuen Inkarnationszeit zeitlich zusammen.

Mit dem Nachweis, dass es sich bei Alkuins Gedicht über die Könige, Bischöfe und Heiligen der Kirche von York um eine geschickt inszenierte Fälschung zur Füllung der Phantomzeit handelt, erübrigt es sich eigentlich, mehr darüber zu schreiben, aber ich darf den Lesern den Inhalt der restlichen etwas mehr als hundert Zeilen nicht vorenthalten, weil sie die Fälschung Alkuins erhärten und besiegeln.

Über die Schule in York

Alkuin entwirft für seinen hypothetischen Lehrer Ælberht, allerdings ohne Orte oder Daten zu nennen, einen Lebenslauf, wie wir ihn von Beda, der ab dem siebten Lebensjahr in der Klosterschule Wearmouth and Jarrow erzogen wird, kennen. Daraus schließen die bisherigen Interpreten auch für Alkuin selbst einen analogen Entwicklungsgang, der natürlich nur in York sein kann und daraus resultierend muss es auch eine episkopale Schule in York geben.

Aber weder in Alkuins Gedicht noch an einer anderen Stelle wird eine Schule in York ausdrücklich erwähnt und auch die Ausgrabungen ergeben keinen Hinweis auf eine Schule aus angelsächsischer Zeit, so dass ich mich über die nicht erwiesene und nicht nachweisbare Schule in York kurz fassen kann.

Zuweilen wird Paulinus, dem ersten Bischof von Nordhumbrien, der von seinem Bischofssitz in York nach Edwins Taufe in 627 bis zum Tod des Königs in 633, also gerade einmal sechs Jahre lang, das Evangelium in Nordhumbrien und Lindsey predigt, die Gründung einer Klosterschule zugeschrieben, was jedoch jeder Realität entbehrt. Auch die Bischöfe Wilfried I., Bosa, Johannes, und Wilfried II. von York, die das Bischofsamt vor Egbert innehaben, werden vergeblich mit der Einrichtung einer Schule in Verbindung gebracht. Verbleiben nur der zeitgenössische Egbert und der fiktive Ælberht, den Alkuin an mehreren Stellen in seinem Gedicht als seinen Lehrer bezeichnet.

Da eine klare Aussage über eine Schule in York fehlt, ist es nicht einmal sicher, ob Alkuin selbst schon im Kindesalter in einem Kloster unterrichtet und erzogen wird. Es gibt viele Argumente, die dagegen sprechen, zum Beispiel, dass er erst relativ spät in Erscheinung tritt und noch später mit dem Schreiben beginnt, aber auch die von Bischof Stubbs geschilderten chaotischen Zustände in den Jahrzehnten vor und nach der normannischen Eroberung in England (*ZS* 1/2008, S. 167) und nicht zuletzt, dass keine Schule in York bezeugt ist.

Eine der ersten unabhängigen Quellen über Alkuin findet sich in der um die Mitte des 9. Jhs. von Altfried verfassten *Vita S. Liudgeri,* die Alkuin zu der Zeit, zu der Liudger in York weilt und zum Diakon geweiht wird, als Lehrer in York bestätigt. Der von Altfried dokumentierte anschließende Aufenthalt Liudgers bei Alkuin erweckt den Eindruck, dass in York keine Kinder, sondern junge Erwachsene unterwiesen werden, was auch Alkuins Gedicht impliziert, in dem er sich in den Zeilen 1515/16 an die „jungen Männer von York“ wendet.

Es wird auch nirgends berichtet, dass dem Bischofssitz in York ein Skriptorium angeschlossen ist. Zwar bringt Liudger gemäß der *Vita S. Liudgeri* Kopien von Büchern mit, als er nach Friesland zurückkehrt, aber Altfried sagt nicht, dass diese in York kopiert werden. Von Bonifatius ist ein Brief an Egbert mit der Bitte um Abschriften von Bedas Werken erhalten, deren Auslieferung aber nicht bestätigt wird.

Die Büchersammlung von York

Ælberht zieht sich vom Amt des Erzbischofs zurück (Vers 1523/24) und überträgt den Bischofssitz freudig seinem geliebten Schüler Eanbald. Er verteilt sein beachtliches Vermögen, das ihm trotz seiner vielen fiktiven Ausgaben für wohltätige Zwecke, insbesondere für die Ausstattung der Kirchen und den Neubau der Basilika geblieben ist, auf folgende Weise. Die Wertsachen, Ländereien und das Geld vermacht er der Regierung der Kirche, seinen kostbarsten Schatz allerdings, den er über alles stellt, die ausgewählten Materialien zum Lernen und Studieren, die erlesene, unschätzbare Sammlung von Büchern, die dieser berühmte Lehrer überall zusammengetragen und unter einem Dach gestapelt hat, vertraut er, wie ein Vater, seinem anderen Sohn an, der beständig an seiner Seite ist, um dessen Durst nach Gelehrsamkeit zu stillen.

Mit dieser Bemerkung findet Alkuin den Übergang zu der angeblich reichhaltig ausgestatteten Büchersammlung von York. Nach Alkuins der Realität nicht standhaltenden Angaben über seinen Lehrer Ælberht und dessen Bau einer Basilika mehrt sich der Verdacht, dass seine Aufzählung über die in York vorhandenen Bücher auch in das Reich der Legende gehören.

Die virtuelle Büchersammlung in York soll aus dem Vermächtnis der antiken Väter bestehen, die Alkuin unter dem auch von Beda verwendeten Sammelbegriff *Veterum Vestigia Patrum* zusammen fasst, ferner aus allem, was die Römer in der lateinischen Welt besitzen, was auch immer aus dem berühmten Griechenland in Latein übertragen ist sowie aus den himmlischen Ergüssen des hebräischen Volkes und was Afrika in Strömen von Licht ausgestreut hat. Schon diese pauschale Übersicht lässt erkennen, dass die Aufzählung maßlos übertrieben ist.

Alkuin nennt die Wahrnehmungen von Hieronymus und Hilarius, von Bischof Ambrosius, Augustinus und dem heiligen Athanasius, die Schriften des klugen Orosius, die Lehren von Gregor dem Großen und Papst Leo, die glühenden Worte von Basil und Fulgentius, von Cassiodorus und Johann Chrysostomus, die Lehren von Aldhelm und dem Magister Beda, die Schriften von Victorinus und Boethius, von den antiken Historikern Pompejus und Pliny, von dem scharfsinnigen Aristoteles und dem großen Rhetoriker Cicero, alle Literatur von Sedulius und Juvencus, von Alcimus, Avitus und Prudentius, Prosper, Paulinus, Arator, die Werke von Fortunatus und **Lactantius,** die autoritativen Schriften von Vergil, Statius und Lucan, dazu die Meister der grammatischen Kunst, die Werke von Probus und Focas, Donatus, Priscian, Servius, Eutyches und Comminianus und schließt seine Aufzählung mit dem Hinweis, dass der Leser in der Yorker Bibliothek noch viele andere außerordentliche Bände findet, dass er sich aber außerstande sieht, alle Namen in sein Gedicht aufzunehmen, da dies länger dauern würde, als es der poetische Gebrauch erlaubt und deutet damit an, dass die Liste zu umfangreich ist, um realistisch zu sein. Und die Bücher aller dieser Autoren soll der fiktive Ælberht zusammengetragen, gesammelt und unter dem Dach gestapelt haben!

Da Alkuin seinen Bericht über die illusorische Büchersammlung von York mit dem Vermächtnis der antiken Väter beginnt, ist der Verdacht nicht unberechtigt, dass er die antiken Schriftsteller aus der um 400 nach Christus von Hieronymus erstellten Literaturgeschichte über die achtzig berühmten Männer *De viris illustribus LXXX* übernimmt, zumal Hieronymus auch als erster in seiner Autorenliste namentlich geführt wird. Alkuin teilt keine Buchtitel mit, aber selbst wenn man von den avisierten Autorennamen nur die bekanntesten Werke in der Bibliothek in York erwartet, geht die Ansammlung von Büchern über den Umfang des Üblichen hinaus.

Die phantastische Büchersammlung in York wird im Mittelalter nicht mehr erwähnt. In Englands Museen und Universitätsbibliotheken gibt es **vereinzelt** Hinweise auf die von Alkuin zitierten Autoren, bei denen sich aber eine Verbindung zu York nicht nachweisen lässt. Die Mutmaßung, dass die überdimensionale Büchersammlung in York Alkuins Phantasie entspringt, wird dadurch offensichtlich.

Alkuin und Lactantius

Einen Fehler macht auch der Gescheiteste. So auch Alkuin. Unter den von ihm angeführten Autoren, die in der Yorker Bibliothek vertreten sein sollen, ist auch **Lucius Caecilius Firmianus Lactantius,** wie dessen vollständiger Name lautet, der von etwa 250 bis 330 nach Christus lebt, erst im Erwachsenenalter zum Christentum kommt, die erste lateinische Geschichte des Christentums verfasst und heute zu den Kirchenvätern zählt.

Für Lactantius und seine lateinischen Werke ist die oben erwähnte, von **Hieronymus** um die Wende vom vierten zum fünften Jahrhundert verfasste Literaturgeschichte über die achtzig berühmten Männer die einzige antike Quelle. Mit den Worten: „Von Firmianus, der auch Lactantius genannt wird, haben wir ein Symposium, das er in der Jugend schrieb“ bestätigt Hieronymus, dass Lactantius seine Rätsel im dritten Jahrhundert für ein **Symposium** schreibt. Hieronymus berichtet weiter, dass Lactantius durch den im Jahr 284 von den Prätorianern zum Kaiser proklamierten Diokletian als lateinischer Rhetor und Lehrer vor dem Jahr 303 in dessen Residenz nach Nikomedien berufen wird, und dass Lactantius in einem extrem hohen Alter den unehelichen Sohn Crispus des Kaisers Konstantin I. am Hof zu Trier unterrichtet. Nach der lobenden Erwähnung in Hieronymus' *De viris illustribus LXXX* hört man viele Jahrhunderte nichts mehr von dem lateinischen Rhetor und Dichter Lactantius.

Die Schuld an dem langen Schweigen über Lactantius trägt der am ersten März 492 zum Papst geweihte Galesius I., der im *Decretum Galesianum* die Werke der christlichen Schriftsteller in rezipierte und nicht rezipierte Bücher einteilt und die *Opuscula Lactantii sive Firmiani,* „die Werke des Lactantius oder Firmianus“, und zwar alle Werke dieses Autors, auf die Liste der verbotenen Bücher setzt, so dass Lactantius vom Klerus nicht mehr genannt, gelesen oder im Unterricht verwendet werden darf. Damit ist um 500 die Karriere und Popularität des römischen Kirchenschriftstellers vorerst einmal zu Ende, sein Name wird in den Manuskripten getilgt und er wird im ausgehenden Altertum und frühen Mittelalter nicht mehr erwähnt.

Als Folge des päpstlichen Verbots ist der Name des Lactantius **nachgewiesenermaßen** ab dem 6. Jh. in keinem Bibliothekskatalog mehr verzeichnet. Die einzige Ausnahme vermeldet Alkuin, der in seinem im 8. Jh. komponierten Gedicht über York behauptet, die Werke des Lactantius befänden sich in der Bibliothek in York, was von den Kritikern zwar stets hervorgehoben, aber weder reflektiert noch hinterfragt wird. Keiner der Interpreten realisiert diesen Anachronismus und erkennt, dass Lactantius erst wieder im 11. Jh. in Erscheinung tritt.

Deshalb kann es gar nicht anders sein, als dass Alkuin sein Gedicht über York frühestens im 11. Jh. schreibt und zwar auf dem Festland, da in England der Name des Lactantius erst einige Jahrhunderte später wieder auftaucht.

Alkuins entscheidender Fehler ist, dass er Lactantius als einen in der Büchersammlung in York vertretenen Autor darstellt. Hätte er seine virtuelle Aufzählung schon vor der Nennung des Namens Lactantius abgebrochen, wären wir um einen unanfechtbaren Beleg für die Phantomzeit ärmer. So aber bestätigt der im 4. Jh. verstorbene Lactantius posthum, dass Alkuin nicht im 8. Jh. leben und schreiben kann, sondern nach unserer heutigen Datierung erst im 11. Jh. und liefert damit einen unbestreitbaren Beweis für eine Phantomzeit von drei Jahrhunderten.

Die Tradition der Werke des Lactantius

Die Skriptoren umgehen das durch Papst Galesius I. ausgesprochene Verbot, Lactantius weiterhin zu kopieren, indem sie seine Werke anonymisieren, also ohne die Angabe des Urhebers weiter verbreiten. Oder sie ordnen sie einem Autor zu, der nicht durch ein päpstliches Dekret belastet ist. Nur durch diese Maßnahmen gelingt den Schriften des Lactantius das jahrhundertelange Überleben.

Eine Spur von Lactantius' Werken in England ist die anonym überlieferte Übersetzung von Fragmenten aus dem **Apolloniusroman** in die angelsächsische Sprache, die als *Apollonius in Pentapolim* in dem Manuskript ***Corpus Christi College 210*** aus dem 11. Jh. in Cambridge aufbewahrt wird. Es ist die erste Übersetzung aus dem Apolloniuslied des Lactantius in eine andere Landessprache. Ein lateinisches Vorbild, aus dem die Übersetzung hergestellt wird, ist in England nicht überliefert.

In einer der vier erhaltenen Sammelhandschriften mit altenglisch-angelsächsischer Literatur, dem ***Codex Exoniensis,*** der von **Bischof Leofric** bei seinem Tod in 1072 seiner Kathedrale in Exeter hinterlassen und seither in der dortigen Bibliothek aufbewahrt wird, ist eine anonyme Übersetzung des Gedichts über den **Vogel Phönix** in die westsächsische Sprache erhalten. Wie bei dem Apolloniuslied ist auch diese anonyme Übersetzung die älteste bekannte Übertragung in eine andere Landessprache, aber ein lateinisches Manuskript gibt es in England ebenfalls nicht mehr.

Trotz der mächtigen Mittel, wie Bann und Interdikt, die zur Herrschaft über die Menschen eingesetzt werden und erlauben, in das Gewissen und Leben des Einzelnen einzugreifen, tritt ab dem 11. Jh. nach und nach ein Widerspruch gegen die Lehren und Gebräuche der römischen Kirche hervor, was zur Folge hat, dass sich die Verdammung des Lactantius durch das päpstliche Dekret allmählich entkrampft und sein Name auf dem Festland mit der Zeit zunehmend öfter genannt wird.

Das ist deutlich anhand der Überlieferung von Lactantius' Gedicht ***De ave Phoenice*** „Über den Vogel Phönix" zu erkennen, von dem es bis zum Ende des 10. Jhs. nur anonyme lateinische Abschriften gibt sowie die erwähnte, ebenfalls anonyme altenglische Fassung. Erst in einem lateinischen Manuskript des *Codex Leidensis Vossianus Q 33* aus dem 11. Jh. wird der Name des Lactantius wieder genannt, wie auch in nahezu allen späteren Abschriften des Gedichts aus dem Mittelalter.

Ein ganz besonderer Glücksfall kommt den cleveren Skriptoren bei der Verbreitung der hundertteiligen Rätselsammlung des Lactantius zu Hilfe, die der römische Autor im dritten Jahrhundert für ein Symposium zusammenstellt und als ***Aenigmata Symposii,*** also als die „Rätsel des Symposiums" bezeichnet, was aber auch die „Rätsel des Symposius" bedeuten kann. Diesen Dualismus machen sich die lateinischen Kopisten zunutze. Sie ignorieren einfach den Namen des wahren Autors Lactantius und verbreiten seine Rätsel eifrig unter dem Namen eines erfundenen Dichters **Symphosius**, den zwar keiner kennt, der aber auch nicht auf der Liste der verbotenen Bücher steht.

So kann die begehrte Rätselsammlung nach Herzenslust ohne Gewissensbisse kopiert, als Studienmaterial verwendet und sogar als Richtschnur für die eigenen Dichtungen gemacht werden, ohne mit dem Gesetz der Kirche in Konflikt zu geraten. Etwa zwei Dutzend mehr oder weniger vollständige Manuskripte der Rätselsammlung befinden sich noch heute unter dem Namen eines nie existierenden Dichters Symphosius in Universitätsbibliotheken.

Von den römischen Missionaren, Bischöfen oder Äbten werden im Zug der Christianisierung die Rätsel des Lactantius unter dem Namen des hypothetischen Dichters Symphosius nach England gebracht und sind schon im 7. Jh. bei dem ersten anglo-lateinischen Schriftsteller **Aldhelm** nachweisbar, der sie als Muster für seine eigene hundertteilige Rätselsammlung ausweist und den „Simposius Poeta“ als seinen Mentor preist, obwohl er absolut nichts über den erfundenen Poeten sagen kann, dessen Lebenszeit von den Interpreten konträr zwischen dem 2. und 6. Jh. geschätzt wird.

Das älteste und eins der wenigen vollständigen, unter dem Namen des Symphosius (oder eines verballhornten, aber ähnlichen Namens, wie Simposius, Symfosius, Siphusius) überlieferten Manuskripte der Rätselsammlung ist auf den Seiten 142 bis 156 des ***Codex Parisinus Lat. 10318*** aufgezeichnet, einer Sammelkopie der Nationalbibliothek in Paris, die summa summarum acht, teilweise fragmentarische, Manuskripte über die symphosischen Rätsel aus dem 8. bis 13. Jh. aufbewahrt.

Von den Handschriften der symphosischen Rätsel in der Bibliotheca Apostolica des Vatikans nimmt der aus dem 10. Jh. stammende Codex ***Vaticanus Regin. lat 1553*** eine besondere Stellung ein, da er neben den Rätseln des hypothetischen Symphosius auch die jeweils hundert Rätsel des Aldhelm und des Tullius überliefert.

Auch in Sammelhandschriften in England befinden sich noch zwei lateinische Manuskripte der symphosischen Rätsel und zwar auf den Seiten 389–394 des ***Codex Cantabrigiensis Gg. V. 35*** in Cambridge und auf den Seiten 104–113 des ***Codex Londiniensis 12. C. XXIII*** im britischen Museum in London. Die Anfertigung dieser Codices wird allerdings nicht in das 7. oder 8. Jh. gesetzt, wie zu erwarten wäre, weil Aldhelm, dessen Todesjahr Beda mit 709 angibt, die Rätsel des Symphosius schon kennt und erwähnt, sondern erst in das 11. Jh. Dieser Sachverhalt ist ein eklatantes Indiz für die Phantomzeit, nach der Aldhelm nicht im 7. Jh. lebt und im 8. Jh. stirbt, sondern erst drei Jahrhunderte später.

Im 6. Jh. wird in Karthago die ***Anthologia latina*** zusammengestellt. Darin werden die ***Aenigmata symphosii*** des Lactantius einem Dichter Caelius Firmianus Symphosius zugeordnet. Der durch das päpstliche Dekret verbotene Name Lactantius wird damit vermieden, aber mit Symphosius wird ein Pseudonym kreiert, das Lactantius bis zum heutigen Tag, mit einer Unterbrechung von rund einhundertfünfzig Jahren im 18. und 19. Jh. nicht mehr losgeworden ist. Mehr darüber in meiner Studie „Die poetischen Dichtungen des Lactantius".

Eine der überlieferten Kopien der symphosischen Rätsel enthält eine lateinische Marginalie mit dem Wortlaut: „Simposium oder siphonium sind die Rätsel, die Firmianus und Lactantius komponierten". Die Anführung der zwei verschiedenen Schreibweisen deuten an, dass der Glossator mehrere Manuskripte kennt.

Da die Namen Lactantius und Firmianus bekanntermaßen zu einer Dichterpersönlichkeit gehören, muss die irreführende Aussage im Plural auf eine fehlerhafte Übersetzung der Erwähnung des Dichters bei Hieronymus oder Galesius zurückgehen. Den Lapsus darf ich dem fortschrittlichen Mönch verzeihen, da er der erste Nutzer der Rätsel ist, der Lactantius – nach dem langen Schweigen als Folge der Indexierung – wieder als den wahren Autor erkennt.

Die anonyme Randbemerkung aus dem 11. Jh. muss allerdings sieben Jahrhunderte warten, bis sie von Christoph August Heumann 1722 entdeckt wird und Lactantius als Autor der Rätselsammlung allgemeine Anerkennung erfährt, leider nur für eine begrenzte Dauer von nicht einmal einhundertfünfzig Jahren, um dann von Alexander Riese 1861 wieder verworfen zu werden, der die Ende des dritten Jahrhunderts komponierten Rätsel **in einer durch die Phantomzeit bedingten falschen Rückrechnung** irrtümlich in das 6. Jh. setzt und Lactantius damit als Autor ausschaltet. Diese rückläufige Entwicklung wird zwar im vorigen Jahrhundert aufgehoben und die Rätsel werden ihrer dreihundert Jahre früheren Entstehungszeit wieder zugeordnet, aber Lactantius selbst wird dabei vergessen oder ignoriert.

Als im Zug der Zeit das *Decretum Galesianum* im 11. Jh. an Bedeutung verliert, wird Lactantius auf dem Kontinent wieder gesellschaftsfähig und seine anonymen Werke werden, soweit dies anhand der Literaturgeschichte des Hieronymus und anderer Indizien möglich ist, ihrem wahren Urheber nach und nach wieder zuerkannt.

Aber bis zur vollständigen Rehabilitation des Dichters Lucius Caecilius (Coelius, Caelius) Firmianus Lactantius dauert es noch fast drei Jahrhunderte. Erst mit der Erneuerung des Humanismus im 14. Jh. erhält Lactantius durch den am 20. Juli 1304 in Arezzo in Italien geborenen Francesco Petrarca seine verdiente Anerkennung als „Cicero

Christianus“ oder, wie ihn bereits Hieronymus nennt, als „Strom ciceronischer Beredsamkeit“.

Zurück zu Alkuins Gedicht über York

Alkuin gibt vor, die Erwähnung aller in der Yorker Büchersammlung enthaltenen Bände würde den Rahmen seines Gedichts sprengen. Er bricht seine Aufzählung der Autoren abrupt ab und geht unvermittelt wieder zu dem guten Hirten, Vater und Lehrer Ælberht über, der seinen Nachlass ordnet und, reich gesegnet mit einem hohen Alter und guten Werken, zwei Jahre und vier Monate nachdem er sich in die Einsamkeit zurückgezogen hat, zum Ende des Lebens kommt und in Gegenwart seiner Schüler freudig in die himmlischen Gefilde eingeht. Mit den zu den zwei Jahren erwähnten vier Monaten des dritten Jahres kommt Alkuin wieder auf die durch die verlängerte Phantomzeit verursachte Differenz von drei Jahren.

Als der feindliche Tod im Schlaf die heiligen Augen Ælberhts für immer schließt, ist es ein schwarzer Tag für die Hinterbliebenen, die er vaterlos und verwaist, gebeugt von Tränen, Einsamkeit und Leid zurücklässt, aber wie glänzend ist der Tag für Ælberht! Christus ist seine Liebe, seine Speise und sein Trank, sein Alles, Leben, Glaube, Verstehen, Hoffnung, Licht, sein Weg, seine Glorie und seine Tugend, schreibt Alkuin und fährt fort: „Im vierzehnten Jahr seiner Zeit als Bischof schließt er am achten November seine Augen für immer, während diese trübselige Sonne in der sechsten Stunde des Tages scheint. Eine große Menge wohnt seinem Begräbnis bei. Der Bischof mit dem Klerus, die Leute, sowohl alt als auch jung, alle Sorge tragend, den Körper ihres Vaters mit Ehre zu begraben“.

Alkuin klagt: „Oh Hirte, oh Vater, größte Hoffnung unseres Lebens. Ohne dich werden wir auf den Wassern der Welt herumgestoßen, deiner Führung beraubt, werden wir von zahllosen Wellen umstürmt und wissen nicht, welchen Hafen wir erreichen werden, während sich der Tag der Nacht und die Nacht dem Tag neigt, während sich das Jahr teilt in die vier Jahreszeiten, so lang wie das Gras auf der Erde wächst, die Sterne scheinen und der Wind die Wolken hinweg fegt, wird deine Ehre, dein Ruhm und dein Lob für immer bleiben“.

Alkuin fragt rhetorisch, warum sein trauerndes Gedicht ihn an das bedauerliche Ereignis erinnert, und fordert es auf, diesen Teil seiner Erzählung zu verlassen, um nicht in dem Ozean von Tränen zu ertrinken, sondern mit einem guten Wind in den Hafen zu eilen.

Was bedeutet für Alkuin „in unseren Tagen"?

Nach seiner Trauerrede auf den Tod und die Beisetzung Ælberhts schreibt Alkuin in den Versen 1597–1601: „Als ich mein Gedicht hier schließen wollte, kam mir ein Ereignis in den Sinn, das sich in unseren Tagen ereignete – ein Erlebnis, das in meiner Knabenzeit geschah, bei dem ich persönlich Zeuge war"

Es stellen sich die Fragen, warum Alkuin auf ein Ereignis aus seiner Knabenzeit zurückgreift, das ihm an dieser Stelle gerade in den Sinn kommt und was er mit der Eingliederung dieses Erlebnisses in sein Gedicht sagen will. Vor allem die Ausdrücke „in unseren Tagen" und „bei dem ich persönlich Zeuge war" sind schwierig zu interpretieren. Bezieht sich der Autor dabei auf eine ähnliche Wundergeschichte, die er aus Bedas Bericht übernommen und kolportiert hat, die sich aber vor seiner Zeit ereignete, bei der er nicht selbst Augenzeuge war?

Oder bedeutet die Passage ‚kam mir ein Ereignis in den Sinn, das sich in unseren Tagen ereignete – ein Erlebnis, das in meiner Knabenzeit geschah, bei dem ich persönlich Zeuge war' etwas ganz anderes und er verbindet mit der Redewendung „in unseren Tagen" die Zeit seiner Kindheit und Jugend, die er noch selbst als Zeitzeuge miterlebt, bevor die „fremden Tage" in seiner Heimat anbrechen mit einer neuen Zeitrechnung und der Fremdherrschaft der Normannen, die für Liudger die Heimkehr nach Friesland und für ihn selbst das Exil auf dem Kontinent erzwingen?

Wenn man es so versteht, handelt es sich um einen eindeutigen Hinweis auf die Phantomzeit, den Alkuin entweder gar nicht geben will, sondern der ihm unbewusst entschlüpft oder aber er baut diese kurze Passage ganz bewusst in den Text ein, um den aufmerksamen Leser einzuweihen, dass alles, was er bisher nach Bedas Tod in dem Gedicht schreibt, der Realität entbehrt und eine Fabel ist, die zeigt,

wie sich die Verhältnisse in England ohne die normannische Eroberung hätten entwickeln können.

Vor dem Abschluss seines Gedichts fasst Alkuin noch einmal in einer Wundergeschichte zusammen, was er in einer ähnlichen Form unter Bezug auf Beda bereits vorher berichtet hat: Ein junger Mann in der Stadt York, der ihn in seiner Knabenzeit durch seine Ratschläge tief beeinflusst, betet eines Nachts allein in der Kapelle innig zur Gottesmutter, als plötzlich ein mildes Licht das Haus füllt und mit dem Licht ein weißgekleideter Mann mit einem leuchtenden Angesicht und einer großen aufrechten Haltung erscheint. Er hebt den jungen Mann, der in Schrecken vor seine Füße fällt, mit freundlichen Worten auf und zeigt ihm ein offenes Buch. Der junge Mann, dessen Namen Alkuin nicht nennt, liest das Buch und als er es schließt, sagt die Lichtgestalt „Wenn du das weißt, wirst du sogar bedeutendere Dinge erfahren.", um dann wieder zu verschwinden.

Ein paar Monate später wird der junge Mann von einer Krankheit in seinen Gliedern befallen, liegt lange leblos, kämpft mit dem Tod und bekommt kaum noch Atem. Alkuin steht ihm bei und hält ihn in seinen Armen, als ihn sein Geist verlässt und sein Körper wie tot zurück bleibt. Nach einiger Zeit kommt er wieder zum Leben, bewegt seine Glieder und erzählt Alkuin, was er während der Abwesenheit von seinem Körper erlebt hat: Auf einem wunderschönen Platz sieht er viele frohe Menschen, von denen ihm einige, besonders die glücklichen Mitglieder der heiligen Kirche, bekannt und vertraut sind, die ihn mit freundlichen Umarmungen willkommen heißen und wünschen, mit ihm für immer und immer zusammen zu sein. Aber sein Führer führt ihn schnell den Pfad zurück zu seinem eigenen Körper und sagt: „Bei Sonnenaufgang wirst du wieder gesund werden, aber einer deiner Brüder wird heute sterben und seine Wohnung hast du schon vorbereitet gesehen". Die Worte werden wahr. Als die Sonne rot in der Morgendämmerung glüht, wird der junge Mann geschwind wieder gesund, aber ein anderer Bruder ist vor Mittag tot.

Jedoch kurze Zeit später im gleichen Jahr wird auch der junge Mann von einer Epidemie erfasst und sagt voraus: „Ich werde an dieser Krankheit sterben und bald die Fesseln des Fleisches verlassen". Und so geschieht es auch. Als er im Sterben liegt und mit fließendem Atem dahin ebbt, sieht einer der Brüder, ein wahrheitsliebender. aufrechter

Mann, der Wache hält, ein Wesen mit einem strahlenden Angesicht und leuchtender Kleidung vom Himmel herab steigen, der die Lippen des sterbenden Mannes küsst, freundlich seinen liegenden Körper umarmt, seine Seele aus dem Gefängnis des Fleisches befreit und sie fliegend hinweg trägt über die Sterne in den Himmel.

Am Ende seines Gedichts erzählt Alkuin, wie er, einem rauen Seemann gleich, auf seiner fragilen Barke durch die Ozeanwellen und die verborgenen Untiefen segelt und sein Gedicht zurück in den Hafen der Stadt York bringt, die ihn von den frühesten Jahren an nährt, aufzieht, unterrichtet und für die er dieses rustikale Gedicht schreibt. Er fleht jene Heiligen an, die er in seinen Versen berührt, sein leichtes Schiff durch ihre Fürsprache und Gebete von dem Weltmeer zu dem Hafen des Lebens zu führen.

Die Auswirkungen der Phantomzeit in England

Die in der Geschichtsschreibung in der zweiten Hälfte des ersten Jahrtausends auftretenden zeitlichen Unstimmigkeiten lassen sich nur durch den erfolgten Einschub einer nicht existierenden Realzeit in die Zeitrechnung erklären. Dieser auf 297 Jahre berechnete Zeitraum wird als Phantomzeit bezeichnet und liegt in Britannien zwischen 616 und 913, zwei Jahre später als auf dem Kontinent. Demzufolge muss in England nach 616 unmittelbar mit dem Jahr 914 weiter datiert werden.

In Nordhumbrien dagegen (außer in Durham) tritt die Phantomzeit erst 766 in Kraft, um, nach einer Verlängerung um drei Jahre auf drei Jahrhunderte, mit der normannischen Eroberung ín 1066 zu enden.

Die Auswirkungen der Phantomzeit lassen sich in England besonders gut nachweisen, weil sich die 297 eingeschobenen Jahre in Wessex und Durham schon früh bemerkbar machen und weil sehr viel angelsächsische Literatur aus dem ersten Millennium erhalten ist.

Wäre die Phantomzeit öffentlich bekannt gemacht und überall zur gleichen Zeit eingeführt worden, hätten wir heute kein Problem mehr damit. Das ist aber nicht der Fall, ganz im Gegenteil. Der Einschub der 297 leeren Jahre in die Chronologie erfolgt streng geheim und wird in der damals bekannten Welt erst nach und nach übernommen und angeglichen, so dass der Zeitsprung variabel zu verschiedenen Zeiten in den einzelnen Ländern und Gebieten wirksam wird. Die Initiatoren der Phantomzeit und der Anlass für ihren Einschub sind trotz der vielen Vermutungen – bisher noch nicht zufrieden stellend geklärt, während der Grund für die strikte Geheimhaltung zweifellos in dem Bestreben der Kirche liegt, die Zeit von Christi Geburt nicht zu verändern. Die sich durch den Einschub der leeren Jahre ergebenden Ungereimtheiten und Widersprüche versucht man seit dem Mittelalter mit Erfindungen, Tricks und Manipulationen zu bereinigen.

Die *Vita S. Dunstani* – ein globaler Glücksfall

Die unter dem Pseudonym „B" verfasste *Vita San Dunstani* ist die erste Biografie über Dunstan. Sie liegt bereits in 1004, sechzehn Jahre nach Dunstans Tod, in Frankreich vor und ist dem zeitgenössischen Erzbischof Aelfric (995–1005) von Canterbury gewidmet. Diese *Vita San Dunstani* ist nicht nur die erste Quelle über den westsächsischen König Edmund sowie über den Abt, Bischof und Erzbischof Dunstan, sondern auch die erste und damit die älteste erhaltene Überlieferung für Wessex nach dem Einschub der Phantomzeit.

Die Biografie berichtet, dass Dunstan im Jahr 943 von König Edmund als Abt von Glastonbury eingesetzt wird **und damit der erste Abt der englischen Nation ist.** Dass Dunstan, wie in der Biografie berichtet, tatsächlich der erste in England geborene Abt ist, **trifft zu.** Das bestätigt nicht nur der Lebenslauf Dunstans und seiner Zeitgenossen, sondern auch der gesamte Geschichtsverlauf Englands in der zweiten Hälfte des ersten Millenniums. **Daraus folgert, dass der englische Abt Aldhelm von Malmesbury und die englische Äbtissin Hilda von Streaneshealh, die von Beda in das 7. Jh. fehldatiert werden, erst im 10. Jh. unserer Zeit leben. Das ist ein eindeutiger Beweis für die eingeschobene Phantomzeit und den Zusammenfall des 7. mit dem 10. Jh. in England.**

Bereits in Heft 3/2006, S. 683 der *Zeitensprünge* habe ich mitgeteilt, **dass Adhelm nicht schon um 670 Abt von Malmesbury sein kann, wie der Chronist Beda Venerabilis irrigerweise schreibt,** weil das zur römischen Kirche gehörende Kloster in Malmesbury erst von dem Erzbischof Dunstan von Canterbury um 960 unserer Zeit gegründet wird.

Auch **alle** anderen Mitteilungen über den berühmten **Poeten, Abt und Bischof Aldhelm** weisen auf das 10. Jh. als seine Lebenszeit hin, zum Beispiel seine von William von Malmesbury bezeugte Verwandschaft mit der im 11./12. Jh. lebenden englischen Königin Mathilde, der Schwiegertochter Wilhelm des Eroberers, oder dass Aldhelm – völlig unüblicherweise – erst nahezu 400 Jahre nach seinem vermeintlichen Todesjahr heilig gesprochen wird. Ferner sind seine lateinischen Schriften in dem für das Jahr 1000 typischen hermeneutischen Schreibstil verfasst und werden erst im 11. Jh. bekannt. Nach den Ausgrabungen des 20. Jhs stammen die von Aldhelm gegründeten Kirchen und Klöster erst aus dem 10. Jh. und so weiter.

Die Präsentation **Aldhelms im 7. Jh.** durch Beda steht damit in einem krassen Widerspruch zu Aldhelms Leben und Wirken **im 10. Jh.** und ist infolgedessen ein untrüglicher Beweis für eine Phantomzeit vom 7. bis zum 10. Jh., die durch die Dokumentation in der *Vita S. Dunstani,* **dass Dunstan der erste im Land geborene Abt der englischen Nation ist,** erhärtet wird. Dunstan ist in der ersten Hälfte des 10. Jhs. der Abt von Glastonbury, gefolgt von der Äbtissin Hilda in Streaneshealh in 954 und dem Abt Aldhelm in dem von Dunstan gegründeten Kloster von Malmesbury ab etwa 971 in der zweiten Hälfte des 10. Jhs.

Über die Identität des Biografen der ***Vita S. Dunstani*** werden mehrere Mutmaßungen geäußert, an denen ich mich nicht ohne weiteres beteiligen möchte. Auf jeden Fall ist der Autor der Biografie mit den Lebensverhältnissen Dunstans in Wessex bestens vertraut. Die Widmung an den zeitgenössischen Erzbischof Aelfric von Canterbury bestätigt die Zeit der Herausgabe der Biografie und lässt als Verfasser auf einen Kirchenmann schließen. Das Vorliegen der Biografie in Frankreich impliziert, dass der Biograf entweder generell dort lebt oder eigens, um die Biografie zu veröffentlichen, Wessex verlässt und in ein Gebiet in Frankreich geht, in dem der Sprung über die Phantomzeit bereits vollzogen ist.

Der Umstand, dass die nordhumbrischen Chronisten Beda, Alkuin und Simeon von Durham nicht in der Biografie erwähnt werden, ist ebenfalls ein eklatanter Beweis für die Phantomzeit! Das

Jahr 1004, in dem die Biografie erscheint, entspricht dem Jahr 707 der alten Inkarnationszeit. Zu diesem Zeitpunkt ist Beda gerade zum Priester geweiht, steht am Anfang seiner Karriere als Chronist und verschwendet noch keinen Gedanken an die Erstellung einer Kirchengeschichte des englischen Volkes, zu deren Abfassung er erst Jahrzehnte später durch Vertreter des Erzbistums von Canterbury veranlasst wird. Alkuin wird erst ungefähr 28 und Simeon von Durham 53 Jahre nach dem Jahr 707 alter Inkarnationszeit geboren.

Weder Beda noch Alkuin erwähnen Dunstan, die Abtei Glastonbury oder König Edmund, weil sie nach dem Gebot der Kirche die Phantomzeit absolut negieren und verschweigen müssen.

Der im 12. Jh. schreibende William von Malmesbury (1080/95–1143), Sohn eines Normannen und einer Engländerin, kommt in seiner Chronik über das Alter der Kirche von Glastonbury nicht drum herum, das Leben und Wirken des berühmtesten Abtes von Glastonbury zu touchieren. Die in der Biografie von 1004 erfolgte **wahrheitsgemäße** Überlieferung, dass Dunstan der **erste Abt der englischen Nation** ist, streitet William vehement ab und verwendet viel Energie darauf, den Biografen für diese **zutreffende** biografische Mitteilung anzufeinden und ihn mit rüden Worten auf das Übelste zu verunglimpfen und zu diffamieren, um anschließend ohne eine weitere Erklärung oder Stellungnahme kurzerhand das Thema zu wechseln, wie ich es in einem früheren Aufsatz bereits geschildert habe (*ZS.* 2/2008, S. 441).

William lässt Dunstan erst in der Blüte seiner Jahre erstehen und äußert sich nicht über dessen Vorleben. So kann er die Widersprüche aus Dunstans Kindheit ohne Kommentar übergehen, insbesondere auch die in den Lebensbeschreibungen über Dunstan stets wiederholte **Tatsache,** dass er seine erste Ausbildung in einem von Mönchen der irischen Kirche geleiteten Kloster erhält.

Dunstans Erziehung durch irische Mönche

Neben der fundamentalen Mitteilung, dass Dunstan der **erste** im Land geborene Abt der englischen Nation ist, erfahren wir in der *Vita S. Dunstani* von 1004 einiges über Dunstans Herkunft, seine Eltern, seine bischöflichen und königlichen Verwandten. Wir lernen Dunstan als einen engagierten Förderer des frühen westsächsischen Christentums sowie als Gründer der Klöster von Malmesbury und Exeter kennen. Das Jahr seiner Geburt wird, wie auch in den fünf nachfolgenden Viten über Dunstan, eisern verschwiegen, wird also in keiner einzigen Quelle genannt (*ZS*. 2/2008, S. 424–446).

Das nirgends genannte Geburtsjahr Dunstans wird in den aktuellen Enzyklopädien nach dem Verlauf seines Lebens auf 909 berechnet. Unter Berücksichtigung der 297 Phantomjahre wird Dunstan in 612 alter Inkarnationszeit geboren, ist also ein Zeitspringer, das heißt, die nicht existierende Phantomzeit wird in Wessex während Dunstans Lebenszeit in die Chronologie eingeschoben.

Von den weiteren Überlieferungspunkten in der ersten Biografie über Dunstan darf ich einen herausgreifen, der, wie oben erwähnt, bis heute ständig wiederholt wird: Dunstan erhält in seiner Kindheit und Jugend die Ausbildung in einem von irischen Mönchen geleiteten Kloster in England. Dabei werden nicht nur seine geistigen Fähigkeiten, sondern auch seine zeichnerische und handwerkliche Begabung gefördert.

Die Erziehung Dunstans in einem von irischen Mönchen geleiteten Kloster in England ist aber für das 10. Jh. absolut inakzeptabel, weil nach der Synode von Whitby in 664 alter Inkarnationszeit alle irischen Klostergemeinschaften in England, die sich dem römischen Diktat nicht beugen wollen, nach Irland zurückkehren. Das wird zuerst retrospektiv 731 von Beda berichtet.

Wie dem aufmerksamen Leser der Kirchengeschichte Bedas bekannt ist, bekundet der irische Abt Colman von Lindisfarne als Teilnehmer an der Synode von Whitby dem in Streanesheath versammelten Gremium unwiderruflich, dass er die Übernahme des römischen Ritus für den christlichen Gottesdienst nicht mit seiner Erziehung, seinem Missionsauftrag und seinem Gewissen vereinbaren kann. Mit den irischen Mönchen seines Klosters Lindisfarne und den englischen, die ihm folgen wollen, gehört er zu den ersten Rückwanderern nach Irland. Auch alle anderen in England tätigen irischen Lehrer und Missionare gehen entweder nach Irland zurück oder konvertieren zur römischen Kirche. Gemäß Beda bekennt sich die Klostergemeinschaft von Iona im nordwestlichsten Zipfel der Insel unter ihrem Abt Dunchad als letzte irische Bastion in England am Ostertag 729 zum römischen Ritus. Danach kommen keine irischen Mönche mehr nach England und die irische Missions- und Lehrtätigkeit ist dort beendet.

Der Sprung vom 7. in das 10. Jh. während seiner Lebenszeit erlaubt es dem 612/909 geborenen Dunstan nicht nur, vor dem Einschub der Phantomzeit die Ausbildung in seiner Jugend in einem irischen Kloster zu genießen, sondern er ist auch nach dem Einschub der 297 Phantomjahre der erste Abt der englischen Nation. Sonst müsste ein noch vor der Rückwanderung der irischen Lehrer nach Irland von irischen Mönchen erzogener Dunstan im 7. Jh. geboren werden und bei seinem in der Biografie auf 988 datierten Tod 376 Jahre alt sein, wie das in einer ähnlichen Weise in einer irischen Chronik von einem Mann berichtet wird, der mit 350 Jahren stirbt. Die vermeintlichen Anachronismen in der Vita S. Dunstani stellen einen universalen Glücksfall dar, der es erlaubt, die Phantomzeit zu beweisen. Oder?

Als Dunstans Biografie 1004 in Frankreich vorgelegt wird, kann der Biograf die **Synode von Whitby** noch nicht kennen, die durch den Einschub der Phantomzeit und dem dadurch bewirkten nahtlosen Übergang vom 7. zum 10. Jh. zwar von 664 in das Jahr 961 gerechnet werden muss, über die aber erstmals rückwirkend in 731 von Beda berichtet wird, was dem Jahr 1028 der Nachphantomzeit entspricht.

Die ***Vita S. Dunstani*** ist nicht nur die erste in die **Nachphantomzeit** datierte Überlieferung für England, sondern auch die einzige erhaltene Dokumentation, die von der Zensur in Wessex **nicht betroffen** ist und der englischen Geschichtsschreibung **nicht** angepasst wird. **Durch ihre frühe Erstellung und ihr Erscheinen im Ausland entgeht sie einer Korrektur und vielleicht sogar der völligen Vernichtung anlässlich der konzertierten Aktion in Wessex.**

Die Handhabung der Phantomzeit in England

Die Handhabung der eingeschobenen Phantomzeit in England ist kompliziert, kann aber mit Hilfe der normannischen Eroberung und der Phantomzeitthese gelöst werden: **Wer in England in der Zeit vor dem Einschub der leeren Jahrhunderte zum ersten Mal erwähnt wird, wo, wann, warum oder von wem auch immer, bleibt trotz vie-**

ler Widersprüche, Zweifel und sogar Beweise in dieser Zeit solange er lebt und praktisch bis heute. Das gewährleistet, dass in England niemals eine Person oder ein Ereignis aus der alten Inkarnationszeit in die Nachphantomzeit übernommen werden muss, erklärt also, dass, **allerdings nur scheinbar,** niemand in der alten Inkarnationszeit geboren wird und in der Nachphantomzeit stirbt, wie das bei Dunstan der Fall ist.

Andererseits muss jeder, der bei seiner Ersterwähnung in die Nachphantomzeit springt, in dieser Zeit bleiben, koste es, was es wolle. Diese konsequente Regelung gilt für alle Personen und Ereignisse in England, wie ich beispielhaft für Aldhelm und Dunstan dokumentiert habe. Und die Maxime heißt: Vor der Phantomzeit ist nach der Phantomzeit.

Die in 1004 herausgegebene *Vita S. Dunstani* kann selbstverständlich den Poeten Aldhelm noch nicht kennen, weil der erst in der 731 von Beda herausgegebenen Kirchengeschichte erstmals erwähnt wird, was dem Jahr 1028 der Nachphantomzeit entspricht. Während Aldhelm bereits 22 Jahre nach seinem Tod genannt wird, berichtet die ***Vita S. Dunstani*** über König Edmund erst 58 Jahre nach seiner in 946 erfolgten Ermordung durch einen Dänen.

Der anonyme Verfasser „B", der die Biografie über Dunstan in 1004 in Frankreich vorlegt, will das von der Kirche streng gehütete Geheimnis über den Einschub der Phantomzeit nicht preisgeben, sonst hätte er das ja frank und frei sagen können. Vielleicht weiß er gar nicht mehr, dass drei bis vier Generationen vorher eine Phantomzeit eingeschoben wurde. Oder er hält die Zeitspanne von knapp sechs Jahrzehnten für ausreichend, um unbeschadet den Sprung Dunstans und König Edmunds über die eingeschobenen 297 Jahre wagen zu können, ohne dass die Phantomzeit publik wird, was ihm aber nur unvollkommen gelingt, da er nicht mit der Beharrlichkeit des 1004 noch weithin unbekannten Priesters Beda in Nordhumbrien rechnet, der rund drei Jahrzehnte später als der berühmteste Chronist Englands stirbt und zeit seines Lebens in die nicht existierende Inkarnationszeit hinein datiert, also die Synode von Whitby in das Jahr 664 setzt und noch Äbte im 7. Jh. erwähnt, die nach dem Einschub der Phantomzeit in die zweite Hälfte des 10. Jhs. gehören, was zu den Widersprüchen zwischen **Bedas Kirchengeschichte** und der ***Vita S. Dunstani*** führt.

Damit ist die *Vita S. Dunstani* ein definitiver Beweis für die Phantomzeit und zwar in vierfacher Hinsicht. Die Biografie zeigt, dass der Sprung über die Phantomzeit in Wessex (und in Frankreich, wo das Buch 1004 zuerst vorliegt) im 7./10. Jh. vollzogen wird, nämlich in 939 mit der Inthronisation von König Edmund, dem unmittelbaren Nachfolger von Cynegisl, dessen Tod in 642 Beda noch in der alten Inkarnationszeit bekundet (*ZS.* 2/2009, S. 449).

Sie offenbart zudem den Zeiteinschub der nicht existierenden 297 Jahre durch die **zutreffende** biografische Mitteilung über Dunstan, dass er im 10. Jh. **der erste Abt der englischen Nation** ist, enthüllt weiterhin, dass er (als ein Zeitspringer) in einem von irischen Mönchen geleiteten Kloster in England erzogen wird und bestätigt damit – last not least – dass die Annalen Bedas, der in seiner *Historia Ecclesiastica* schon im 7. Jh. in England geborene Äbte vermeldet, 297 Jahre nach vorn, aus der Phantomzeit, die in England 616 beginnt, in die Realzeit nach dem Jahr 913, verschoben werden muss, wobei es sich bei dem 7. und dem 10. Jh. um die gleiche Zeit handelt.

Cuthbert und Beda werden in Durham bestattet

Wie in Wessex, wird auch in Durham schon früh der Sprung über die 297 leeren Jahre aus dem 7. in das 10. Jh. vollzogen, was wir aus der Exhumierung Cuthberts und seiner Umbettung in einen neuen Schrein in Lindisfarne in 698 (alte Inkarnations- oder Phantomzeit), sowie der nur **scheinbar** verzögerten Beisetzung seiner Gebeine in Durham 297 Jahre später im Jahr 995 (Nachphantomzeit) ersehen, wobei beide Datierungen das gleiche Jahr bezeichnen, einmal in Lindisfarne vor und einmal in Durham nach der Einführung und dem Wirksamwerden der Phantomzeit.

Beda ist etwa 40 Jahre jünger als Cuthbert. Als Beda stirbt, wissen die Mönche von Jarrow, dass man das Rad der Geschichte nicht zurückdrehen und die mittlerweile vielerorts eingeführte Phantomzeit, hundertzwanzig Jahre nach ihrem ersten Einschub in die Chronologie, nicht mehr rückgängig machen kann. Deshalb handeln sie bei Beda ähnlich wie die Mönche von Lindisfarne mit Cuthbert. In weiser Voraussicht deponieren sie Bedas Leichnam nach seinem Tod zum Abtransport im nördlichen Porticus von Jarrow und überführen ihn, ohne es an die große Glocke zu hängen, heimlich nach Durham, weil dort schon die Nachphantomzeit gilt (*ZS.* 1/2010, S. 159).

Bedas Tod wird in einem Brief seines Schülers Cuthbert, einem der letzten in der alten Inkarnationszeit agierenden Äbte von Wearmouth und Jarrow, auf den 25. Mai, einen Tag vor Himmelfahrt, in das Jahr 735 alter Inkarnationszeit datiert. Nach anderen Quellen stirbt Beda schon 734, just in dem Jahr, in dem seine Kirchengeschichte rezensiert wird. Das Jahr 734/5 korrespondiert mit Bedas Bestattung in Durham, wird dort aber durch den erfolgten Einschub der leeren 297 Jahre schon als das Jahr 1031/2 ausgewiesen.

Dies bestätigt auch Jan Beaufort in seinem 2004 für eine Usenet-Diskussion über Bedas Kirchengeschichte verfassten und am 17. Februar 2004 in der Gruppe *de.sci.geschichte* veröffentlichten Beitrag, den er mir in einer E-Mail vom 29.1.2009 übermittelt, der besagt, dass das in 1831 über Bedas Grab errichtete Säkulardenkmal in Durham die schlichte Inschrift trägt „*Hac sunt in fossa Bedae Venerabilis ossa*", in der Übersetzung: „In diesem Grab ruhen die Gebeine des ehrwürdigen Beda". Auch Jan Beaufort ist davon überzeugt, dass die Bestattung Bedas in Durham die erste Beisetzung des Chronisten ist.

Eigentlich ist es eine Ironie des Schicksals. Trotz der räumlichen Nähe zu Jarrow erwähnt der Chronist Beda das Kloster in Durham in seiner Kirchengeschichte mit keinem Wort, so als gäbe es den Ort gar nicht. Beda muss die Phantomzeit verschweigen und darf nichts über das Nachbarkloster Durham schreiben, weil dort die Nachphantomzeit schon eingeführt ist. Und aus dem gleichen Grund, nämlich weil die Phantomzeit in Durham schon eingeführt ist, wird Beda nach seinem Tod heimlich still und leise von seinen Mitbrüdern von Jarrow, wo noch die alte Inkarnationszeit gilt, nach Durham überführt und dort beigesetzt.

Mit der Bestattung in Durham springt Beda als erster der drei nordhumbrischen Schriftsteller, die trotz des Einschubs der 297 leeren Jahre in 616, mit dem Jahr 617 (anstatt mit 914) weiter datieren, aus dem Jahr seines Todes in 734/5 alter Inkarnationszeit in das Jahr 1031/2 der Nachphantomzeit.

Dem um 760 geborenen Simeon von Durham gelingt es als zweitem, sich in einer gemeinsamen Aktion mit den fortschrittsbewussten

Mönchen aus Bedas Kloster Jarrow nach der normannischen Eroberung in das Kloster Durham zu lavieren, wo mindestens seit der Bestattung Cuthberts in 698/995 die Nachphantomzeit gilt und wo Beda einige Jahrzehnte früher bestattet wurde.

Nach einer gebührenden Wartezeit von fünf bis sechs Jahrzehnten nach der normannischen Eroberung beginnt Simeon von Durham, der für die Nachwelt in der Geschichtsschreibung, dank des Einschubs der Phantomzeit, als rund 325 Jahre jünger als Alkuin erscheint, ab 1129 der Nachphantomzeit mit einer Anleihe an einige – inzwischen zur Füllung der Phantomzeit erfundene – Fälschungen, seine eigene retrospektive Geschichte für die drei leeren Jahrhunderte in England und Nordhumbrien zu basteln.

Nur der noch in Nordhumbrien in der alten Inkarnationszeit lebende Alkuin wird von der normannischen Eroberung und der mit ihr einhergehenden Einführung der Nachphantomzeit überrascht und es gelingt ihm nicht, seine Tätigkeit als Lehrer in York zu sichern und sich – wie es das Gros der Bevölkerung Nordhumbriens tut – den Normannen und ihrer Zeit anzuschließen. Was damals in York im Einzelnen vor sich geht, wissen wir nicht. Aber schon 1070 wird ein Normanne als Bischof von York eingesetzt. Das sagt eigentlich schon alles.

Entweder wird Alkuin „durch die Feindseligkeiten zwischen den Einheimischen und den Fremden", wie Altfried in der Biografie über Liudger die Übernahme der Herrschaft durch die Normannen in Nordhumbrien beschreibt, genötigt, York zu verlassen, oder er kehrt seiner Heimat freiwillig den Rücken aus Furcht vor den ihm seit seiner Kindheit eingebläuten und angedrohten Sündenstrafen bei Nichteinhaltung der kirchlichen Gebote, beispielsweise den Höllenqualen im Purgatorium, die er in seinem Gedicht über York, in Anlehnung an Beda, mit dem Gang durch das Fegefeuer ausführlich darstellt (*ZS.* 2/2010, S. 370).

Wie auch immer, ob Alkuin gefeuert oder von den Umständen und der Entwicklung gezwungen wird, er verlässt Nordhumbrien, um in der alten Inkarnationszeit bleiben zu können, da er nach der geltenden Regelung in England nicht in die Nachphantomzeit übernommen werden und schon gar nicht in die nachnormannische Zeit springen darf, sondern für immer in der niemals existierenden Phantomzeit, in die er in Nordhumbrien hinein geboren wird, bleiben muss, um die 297 eingeschobenen Phantomzeitjahre geheim zu halten.

Der Klerus ergreift jede erdenkliche Gelegenheit, um so viel zu retten, wie zu retten ist, damit die alte Inkarnationszeit (bei Beda erstmals mit dem Zusatz in der Datierung „nach der Fleischwerdung des Herrn“ versehen) bewahrt, der Zeitsprung vertuscht und die Leerzeit mit erfundenen Personen und Ereignissen gefüllt wird, was ihm ja bis heute gelingt. Die Weichen dazu werden 705 auf dem in der *Theologischen Realenzyklopädie* dokumentierten Treffen des Rats der Weisen in Brentford gestellt.

Zusammenkunft des *Witenagemots*

Am 15.10.705 trifft sich die angelsächsische politische Institution des *Witenagemots* (Rat der Weisen) in Brentford bei London, um über den **„von Bischof Aldhelm vorangetriebenen propagandistischen Einsatz für romorientierte Kirchengewohnheiten“** zu beraten (*Theologische Realenzyklopädie,* Band VII, S. 69). Was unter der Verklausulierung: **„propagandistischer Einsatz für romorientierte Kirchengewohnheiten“** zu verstehen ist und welches Ergebnis erzielt wird, bleibt geheime Verschlusssache (bis heute).

Von Reinhold Rau wird als Gegenstand des Treffens irrigerweise die notwendige Teilung des aus den Fugen geratenen Bistums Winchester vermutet, das bis 705 das einzige Bistum in Wessex ist und sogar noch die Insel Wight mit betreut. **Aber das kann es nicht gewesen sein, weil die Separation des Bistums zu diesem Zeitpunkt bereits erfolgt ist und der Abt von Malmesbury schon als legitimierter Bischof Aldhelm von Sherborne an dem Treffen des Rats der Weisen teilnimmt und diese Zusammenkunft sogar initiiert.**

Es muss etwas Bedeutenderes und Wichtigeres sein, das sich hinter dem von Bischof Aldhelm von Sherborne „vorangetriebenen propagandistischen Einsatz für romorientierte Kirchengewohnheiten“ verbirgt und den damit verbundenen Aufwand rechtfertigt, wie die Besetzung des *Witenagemots* mit König Ine und hochrangigen Kirchenvertretern sowie die Berufung einer Delegation unter der Leitung ihres

Sprechers Winfried, die das geheim gehaltene Ergebnis der Beratung mündlich dem Erzbischof von Canterbury überbringt.

Der Mainzer Priester Willibald, der bereits um 770 die *Vita Bonifatii* erstellt, widmet sich ausführlich dem Ablauf dieser Zusammenkunft des *Witenagemots* 705 in Brentford und schreibt dazu:

Nachdem wir die erhabene Tugendgröße dieses heiligen Mannes (Winfried, später bekannt als Bonifatius) kurz dargelegt haben, glauben wir das, was wir durch Berichte glaubhafter Männer gehört haben, keinesfalls stillschweigend übergehen zu dürfen, sondern dass wir dazu verpflichtet sind, es durch schriftliche Aufzeichnung offenkundig und bekannt zu machen.

Willibald sagt allerdings nichts Konkretes über den Anlass des Treffens und den Gegenstand der Beratung, die so geheim sind, dass auch der Biograf sie offensichtlich nicht kennt. Ihm kommt es ohnehin in erster Linie darauf an, das Ansehen, das Winfried schon als junger Priester in England genießt, ins rechte Licht zu stellen. Er fährt fort:

Unter der Regierung des westsächsischen Königs Ine trat durch den unerwarteten Ausbruch einer Empörung ein Gefahr drohender Zustand ein, und sofort wurden die Diener Gottes von den Häuptern der Kirche unter dem Beirat des genannten Königs zu einem Konzil versammelt.

Auch in dieser Passage sagt Willibald nicht, was Sache ist, sondern spricht von einem **„unerwarteten Ausbruch einer Empörung und einem dadurch ausgelösten Gefahr drohenden Zustand“**, der sofortiges Handeln durch die Einberufung des Konzils erfordert, ohne die Ursache der Empörung zu nennen.

Willibald berichtet weiter, dass auf der Zusammenkunft in Brentford von den Kirchenvertreten die Frage gestellt wird, wie man aus diesem frischen Zwist Rat schaffen und herauskommen könne, ferner dass ein besonnener Ratschluss gefasst wird und die Versammlung es für angemessen hält, eine Gesandtschaft zum Erzbischof der Stadt Cantuaria (Canterbury) namens Berechtwald zu senden, damit es ihnen nicht als Anmaßung und Unbesonnenheit ausgelegt werden könne, dass sie etwas ohne den Rat des hohen Bischofs unternähmen.

Alle anwesenden Würdenträger des westsächsischen Klerus stimmen der angeblich klugen Übereinkunft zu und König Ine wendet sich sofort an alle Diener Christi, anzugeben, wen man mit der mündlichen Überbringung der erwähnten Botschaft beauftragen könne.

Die maßgeblichen Kleriker, vor allem die „drei Äbte Beorhtwald von Glastonbury, das mit seinem alten Namen Glestingsburg genannt wird, Wynberht von Nursling und der Steuermann Gottes Wintra des Klosters von Tisbury (Tyssesburg)“, führen Winfried vor König Ine, der diesem den Inhalt der Botschaft an den Erzbischof mitteilt und ihn mit mehreren Gefährten, die ihn begleiten sollen, in Frieden entlässt.

Dass es in 705 alter Inkarnationszeit (1002 Nachphantomzeit) die höchste Zeit ist, einen Weg zu suchen, um die Phantomzeit vertuschen zu können, wie es vom Klerus gefordert wird, zeigt nicht nur das vom Biografen Willibald beschriebene „Eintreten des unter der Regierung des westsächsischen Königs Ine unerwarteten Ausbruchs einer Empörung mit einem Gefahr drohenden Zustand“, sondern auch die ebenfalls in 705, also im gleichen Jahr, erfolgte letzte Romreise des um 635 in die alte Inkarnationszeit hinein geborenen, äußerst zielstrebigen, mittlerweile siebzigjährigen Bischofs Wilfried I. von Nordhumbrien, der im Laufe seines wechselvollen Lebens den Einschub der Phantomzeit erkannt hat, dem es aber nicht gelingt, an Beda und dem Erzbistum in Canterbury vorbei die Nachphantomzeit in England einzuführen, sondern **trotz seiner großen Fähigkeiten** immer wieder ausgebremst und viermal aus dem Bischofsamt entlassen wird, was den aufrechten Gottesstreiter mindestens dreimal nach Rom führt, um sich zu beschweren und in dieser Sache zu intervenieren, wo er jedes Mal neu eingeschworen, rehabilitiert und an einem anderen Ort in England wieder als Bischof eingesetzt wird (*ZS.* 2/2010, S. 366/7), jedoch ohne jemals zum Erzbischof zu avancieren. Aber auch die bereits sieben Jahre vor dem Treffen des Rats der Weisen erfolgte Exhumierung des mit Wilfried I. etwa gleichaltrigen heiligen Cuthbert, der um 634 in die Phantomzeit in Nordhumbrien hinein geboren wird, darin um das Jahr 687 als Abt von Lindisfarne stirbt, elf Jahre später in 698 exhumiert, in einen neuen Schrein umgebettet und nach seiner Überführung nach Durham dort in 995, also im gleichen Jahr, bestattet wird. Nicht zuletzt gebietet auch das sich immer mehr ausbreitende Wissen über die Phantomzeit sowie die kurz bevor stehende Herausgabe der *Vita S. Dunstani* ein sofortiges Handeln für den Klerus.

Nach der *Vita Bonifatii* des Willibald verläuft die Reise Winfrieds und seiner Begleiter nach Kent glücklich. Winfried macht seine Sache gut, überbringt nach seiner Rückkehr König Ine und den mitversammelten kirchlichen Würdenträgern die ebenfalls geheim gehaltene Antwort des verehrungswürdigen Erzbischofs und schafft dadurch allen eine große Freude. Willibald fährt fort, dass in der Folgezeit durch die wunderbare Güte göttlicher Fügung Winfrieds Name so bekannt wird und er bei allen weltlichen Würdenträgern sowohl als auch bei den Inhabern der Kirchenämter in solchen Ehren steht, dass er häufig ihren Synodalversammlungen beiwohnen darf, was ihm in Zukunft von Nutzen sein soll. Diese Mitteilung Willibalds zeigt, dass Winfried schon als junger Priester in England eine Sprosse auf der Karriereleiter erklimmt.

Dass Winfried nach der erfolgreichen Bewältigung des ihm von König Ine erteilten Auftrags bei allen in hohen Ehren steht, lasse ich ja gelten, aber dass es ihm in der Zukunft von Nutzen sein wird und er sehr häufig den Synodalversammlungen beiwohnen darf, wage ich ernsthaft zu bezweifeln, da die 705 von dem *Witenagemot* (Rat der Weisen) getroffene Regelung auch für die an dieser Zusammenkunft teilnehmenden Synodalen und selbstverständlich auch für den jungen Priester Winfried gilt, für den die Übereinkunft eine schwere Last bedeutet, derer er sich im Laufe seines langen Lebens gern entledigen würde, was ihm aber trotz mehrmaliger Vorsprache und Intervention beim heiligen Stuhl in Rom nicht gelingt.

Die Ergebnisse der Synodalversammlung

Was auf dem Treffen besprochen und vereinbart wird, kann aus der folgenden Entwicklung erschlossen werden. Der unter strengster Geheimhaltung sowohl der Verhandlungspunkte als auch der Ergebnisse gefasste „besonnene Ratschluss", den die Versammlung des *Witenagemots* für angemessen hält, erweist sich in der Folgezeit nicht für so ausgereift, wie es dem Rat der Weisen dünkt.

Da der Einschub der 297 leeren Jahre nachgewiesenermaßen in Wessex und Durham seit dem 7. Jh. der alten Inkarnationszeit bereits vollzogen ist, kann es nicht ausbleiben, dass die Phantomzeit immer verbreiteter bekannt wird und die Kirche zu spalten droht, was Willibald mit dem „unerwarteten Ausbruch einer Empörung und dem Eintreten eines Gefahr drohenden Zustandes“ beschreibt.

Ausgehend von dem Status quo in England über die eingeschobene Phantomzeit versucht das Gremium des Rats der Weisen in Brentford die Entwicklung in England in geordnete Bahnen zu lenken. Der *Witenagemot* bestätigt die bisher schon praktizierte Handhabung der Phantomzeit in England und schreibt sie fest.

Danach müssen alle in der nicht existierenden Phantomzeit dokumentierten Personen und die damit zusammen hängenden Ereignisse unwiderruflich und für immer in der Zeit vor dem Einschub der Phantomzeit bleiben und dürfen auf keinen Fall in die Nachphantomzeit übernommen werden. Im Gegenzug müssen alle Personen und Begebenheiten, die in der Überlieferung noch nicht genannt worden sind, künftig nach der eingeschobenen Zeit untergebracht werden und für immer in der konventionellen Chronologie bleiben.

Die Devise „einmal in der alten Inkarnations- oder Phantomzeit, immer in dieser Zeit“ gilt bis zur normannischen Eroberung, also auch für Alkuin, obwohl er erst 30 Jahre nach dem Treffen des Rats der Weisen geboren wird.

Als die Chronisten nach der normannischen Eroberung die fehlende Zeit in der Zeitgeschichte bemerken, müssen sie vieles kaschieren, manipulieren, verschleiern und rückwirkend fiktive Geschehnisse und Personen erfinden, um die Leerzeit zu füllen. **Vieles davon ist noch nicht als Fälschung erkannt und gilt bis heute irrtümlich als reale Geschichtsschreibung.**

Was es so schwer macht, die Fälschungen zu erkennen und von den der Wahrheit entsprechenden Begebenheiten abzugrenzen, sind die bewunderungswürdigen Erfindungen, die sich die Chronisten ab dem 11. Jh. einfallen lassen, um die eingeschobenen 297 inhaltsleeren Jahre mit mehr oder weniger phantastischen, glaubwürdigen, spannenden, aber auch **komplizierten** Geschichten zu füllen, um die von der Kirche verordnete Geheimhaltung der Phantomzeit zu gewährleisten.

Die Zensur der angelsächsischen Literatur

Zu den Maßnahmen, die der englische Klerus in die Wege leitet, um die eingeschobene Phantomzeit zu vertuschen, gehört auch die Zensur der angelsächsischen Literatur, nach der alle schriftlichen Dokumente durchgesehen und gegebenenfalls korrigiert, neu abgeschrieben oder vernichtet werden. Diesem Schicksal entgeht die Vita S. Dunstani, weil sie im Ausland erscheint.

Die nach der Christianisierung Englands mit Hilfe des von den Missionaren übernommenen lateinischen Alphabets zum ersten Mal in verschiedenen angelsächsischen Dialekten aufgezeichneten Originale der mündlich tradierten muttersprachlichen Literatur werden bei dieser konzertierten Aktion in Wessex vor ihrer Vernichtung durch vier unbelastete Sammelkopien in dem einheitlichen westsächsischem Dialekt, der zur Landessprache avanciert, ersetzt. Die Verluste sind unschätzbar.

Die zensierten westsächsischen Codices, in denen der größte Teil der altenglischen Literatur überliefert ist, werden allgemein dem 10. Jh. zugeordnet. Das führt in der englischen Literaturwissenschaft zu der Streitfrage, ob die mündlich tradierte altenglische Literatur im 7. oder im 10. Jh. zum ersten Mal aufgeschrieben wird. Mit diesem Problem habe ich mich mehrfach in meinen Studien über die altenglischen Rätselgedichte beschäftigt und auch in Aufsätzen und Vorträgen über das erste Rätsel des Exeterbuches auseinandergesetzt. Diese Frage lässt sich nur beantworten, wenn durch den Einschub einer Phantomzeit das 7. mit dem 10. Jh. zusammenfällt.

Außer den neu konzeptionisierten, dem 10. Jh. zugeschriebenen altenglischen Sammelkopien sind mehrere dem 7. Jh. zudatierte angelsächsische Literaturdenkmäler erhalten, die der Korrektur oder Vernichtung entgehen, weil sie ins Ausland verbracht und dort erhalten geblieben sind, wie das vierzehnzeilige angelsächsische Rätselgedicht über die eiserne Rüstung in einem ansonsten lateinischgriechischen Codex, das als einziges altenglisches Rätselgedicht zweimal überliefert wird, einmal in nordhumbrischem Dialekt in dem vorgenannten, in Leiden in Holland aufbewahrten Manuskript Codex Vossius 106 und ein zweites Mal in westsächsischem Dialekt in der Rätselsammlung des

Codex Exoniensis (ZS. 1/2009, S. 190/1). Oder das von mir entdeckte und in 1996 dargestellte und erstmals gelöste, ursprünglich nordhumbrische Rätsel des 7. Jhs. über das mystische Weinfass in dem nach Italien gelangten Codex Vercellensis, über das ich auch in einem früheren Heft der Zeitensprünge berichtet habe (ZS. 1/2009, S. 168–193). Weder von dem Weinfassrätsel noch von der anderen im Vercellibuch überlieferten angelsächsischen Literatur, die überwiegend aus Viten und Homilien besteht, gibt es in England noch irgendeine Spur.

Auf dem in das 7. Jh. datierten, über fünf Meter hohen Ruthwellkreuz mit dem eingravierten Runengebet werden die Runen einer ganzen Passage herausgemeißelt und das ursprünglich aus zwei Monolithen bestehende Sandsteinkreuz selbst wird in sechs Teile zerschlagen, was bisher einer späteren Zeit zugeordnet wurde. Außerdem wird eine in ein kleines Metallkästchen im 7. Jh. eingeritzte Inschrift übersehen und bleibt erhalten.

Die Übersiedlung Alkuins auf den Kontinent

Die konventionell mit der auf den 14. Oktober 1066 unserer Zeit terminierten „Schlacht von Hastings“ eingeleitete normannische Eroberung Englands verursacht einen ungeheuren gesellschaftlichen und politischen Umbruch auf der Insel. Die sieben angelsächsischen Königreiche werden sang- und klanglos abgeschafft und es gibt in England nur noch ein einziges Königreich mit einem normannischen König an der Spitze. In ganz England und in Nordhumbrien wird in der von den Eroberern aus der Normandie mitgebrachten; in Durham und in Wessex bereits gültigen Zeitrechnung selbstverständlich, ohne ein Wort darüber zu verlieren, mit dem Jahr 1067 weiterdatiert. Herzog William von der Normandie lässt sich unter dem Schutz seiner Leibwache am 6. Januar 1067 in London zum König von England krönen.

Hand in Hand mit dem Wiederaufbau der von den heidnischen Dänen im Süden Englands über viele Jahrzehnte verwüsteten Städte, Klöster und Skriptorien werden die angelsächsischen Geistlichen in England durch mitgebrachte normannische Priester, Äbte und Bischöfe ersetzt.

Die angelsächsischen und nordhumbrischen Dialekte werden 1083 gegen das normannische Französisch als Landessprache ausgetauscht, der Landbesitz der entrechteten angelsächsischen Adligen wird 1086 im *Doomsday Book* erfasst und zum großen Teil an die Normannen verteilt.

Alkuin darf die Datierung in die Nachphantomzeit für seine Person nicht mehr in Anspruch nehmen, denn er kann nicht mit einem Schlag dreihundert Jahre älter werden. Nach dem Gebot der Kirche muss er in der Phantomzeit bleiben, um das Datum der Geburt Christi nicht zu verändern. Und da Alkuin nicht aus der Phantomzeit in die Realzeit übernommen werden darf, entfällt für ihn auch eine Übernahme in die nachnormannische Zeit. Demzufolge gibt es in Nordhumbrien für Alkuin keinen Platz mehr, als 1070 der erste normannische Erzbischof in York eingesetzt wird.

Ob gefeuert oder nicht, Alkuin flieht auf den Kontinent, um dort ein Plätzchen zu finden, um „nach ewigen, ernsten und großen Gesetzen seines Daseins Kreise zu vollenden" (wie Goethe sagen würde), das heißt, Alkuin muss gemäß den *romorientierten Kirchengewohnheiten* als eine reale Person in der niemals existenten Phantomzeit nach 766 weiter leben und in dieser irrealen Zeit 804 sterben.

Aus dem Ablauf der Geschichte in England ergibt sich, dass die Annalen der 150 Jahre, die Beda in seiner *Historia Ecclesiastica* und Simeon von Durham in der weiterführenden *Continuatio Bedae* von 616 bis 766 in die nichtexistente Phantomzeit hinein datieren, in die Realzeit von 916 bis 1066 gesetzt werden müssen, was durch die These über die Phantomzeit bestätigt wird. Dabei werden die 297 Jahre der eingeschobenen Phantomzeit in Nordhumbrien auf 300 Jahre aufgerundet, was zu der regelmäßig auftauchenden Diskrepanz von drei Jahren führt, die auch dem westsächsischen Chronisten William von Malmesbury aufgefallen ist, die er angeblich nicht erklären kann.

Nach der normannischen Eroberung wird im ganzen Land einheitlich mit dem Jahr 1067 kontinuierlich weiterdatiert. Die weiteren nicht existenten 150 Phantomjahre von 766 bis 916 werden in England von Alkuin von York, Simeon von Durham und anderen Chronisten rückwirkend mit erfundenen Personen und Ereignissen ausgefüllt. die teilweise bis heute als wahre Geschichtsschreibungen gelten.

Das Kirchengebot des Verbleibens in der alten Inkarnationszeit begleitet Alkuin auf den Kontinent und verfolgt ihn dort bis zu seinem Tod in 804 und in der Überlieferung sogar bis heute. Nach seiner Übersiedlung auf den Kontinent darf er in den drei bis vier Jahrzehnten seines erzwungenen Exils nie mehr nach England zurückkehren oder mit seiner Heimat Kontakt aufnehmen, worunter er sehr leidet. wo sich Alkuin in dieser Zeit aufhält, wird geheim gehalten und ist bis heute nicht bekannt. Entsprechende Schlüsse können möglicherweise aus dem französischen Kloster gezogen werden, in dem mehr als fünfhundert Jahre nach seinem realen Tod seine Werke gefunden wurden.

Wie sehr Alkuin unter Heimweh leidet, zeigen nicht nur die von ihm erfundenen niemals stattgefundenen Besuche in Nordhumbrien und die ebenfalls niemals abgeschickten dreihundert Briefe, sondern auch eine Passage am Ende seines Gedichts über York, in der er auf poetische Weise beschreibt, wie er als rauer Seemann auf dem Wasser nach seinem Tod alle Gefahren und Klippen umschifft und sein Gedicht sicher in den Hafen seiner Heimat York bringt.

Heinrich Hahn berichtet in *Forschungen zur deutschen Geschichte,* dass Bischof William Stubbs im 19. Jh. in seinen *Memorials of Saint Dunstan* die Meinung vertritt, dass die Angaben über die spätere Regierungszeit Karls des Großen von den achtziger Jahren des achten Jhs. an aus der Feder Alkuins entstammen (1880, S. 562).

Da Alkuin nach dem Jahr 766 in der Phantomzeit bleiben muss und die wahren Umstände, die ihn von Nordhumbrien auf den Kontinent verschlagen, nicht nennen darf, erfindet er als Grund für seine Übersiedlung auf das Festland die freundschaftliche Einladung eines irrealen germanischen Sagenkönigs Karl der Gro0e, den er auf einem Rückweg von einer nicht stattgefundenen Romreise getroffen haben will und der ihn an den irrealen Königshof nach Aachen eingeladen und als Lehrer seiner Palastschule in Tours eingesetzt haben soll. Das ist eine erfundene Fiktion, die sich in die Chronologie eingeprägt hat und bis heute als Realität gilt. Die Tatsache, dass Alkuin wegen des dreihundertjährigen Zeiteinschubs seine Heimat in Nordhumbrien verlassen und in einem Kloster in Deutschland verborgen sterben musste, wird gar nicht in Betracht gezogen. So entstand die Legende von dem übermächtigen Karl dem Gro8en.

Ein zur Füllung der Phantomzeit erfundener König oder sogar Kaiser kann Alkuin nicht an den ebenfalls fiktiven Königs- oder Kaiserhof einladen, keine Duzfreundschaft mit ihm schließen oder sich von ihm in Briefen mit „David" anreden lassen und er kann ihm auch nicht die Leitung einer erfundenen Palastschule übertragen.

Dass die Lebensbeschreibung Einhards über Karl den Großen eine Fälschung des 12. Jhs. ist, vermutete bereits Ranke. Es wird auch nach dem Ausgrabungsergebnis in Seligenstadt in dem Internetartikel „Steht Seligenstadt kopf?" in Erwägung gezogen und harmoniert mit der These über das erfundene Mittelalter.

Wenn wir unseren Menschenverstand bemühen, müssen wir erkennen, dass ein Mensch nicht solche für die ausgehende Antike übernatürlich erscheinenden Wunder bewirkt haben kann, wie sie Karl auf allen Gebieten zugeschrieben werden und von denen nichts erhalten ist oder nachgewiesen werden kann. Hätte es den fiktiven Karl wirklich gegeben, dann hätte der übermächtige Kaiser für seinen besten und fähigsten Berater und Freund Alkuin in 804 ein Staatsbegräbnis angeordnet und ihm ein die Zeiten überdauerndes bauliches Denkmal gesetzt, ihn aber nicht in der Einsamkeit von Tours unter unbekannten oder erfundenen Umständen in einer irrealen Zeit sterben lassen!

Durch seine erhaltenen Schriften ist Alkuin eine historische Person. Aber keiner hinterfragt, warum Alkuin auf dem Kontinent in einer nicht existenten Zeit leben muss, als in England schon die Normannen regieren, sondern alle nehmen in Kauf, dass Alkuin mitten in der Phantomzeit über diese nicht existente Zeit fiktive Geschichten schreibt, die sogar heute noch für bare Münze gehalten werden.

Alkuin ist ein äußerst geschickter Autor, das beweisen seine erhaltenen Schriften. Er vermeidet es tunlichst, irgendwelche Daten zu nennen und hält sich in seinem Gedicht über die Könige, Bischöfe und Heiligen von York bis zum Jahr 734 eng an Bedas Kirchengeschichte, benutzt also Beda gewissermaßen als Zeugen seiner Ausführungen. Mit dieser Taktik legt er den Grundstein für die Glaubwürdigkeit seiner fiktiven Schriften, die er zur Füllung der Phantomzeit nach 766 bis zu seinem Tod in 804 schreibt und für die es keine anderen Quellen gibt.

Wie ich bereits in einer vorhergehenden Arbeit berichtet habe, erfindet Alkuin in seinen drei bis vier letzten Lebensjahrzehnten Träumereien zur Füllung der nichtexistenten Zeit nach 766, wie die Freundschaft mit dem imaginären Monarchen Karl, den Bau einer illusionären angelsächsischen Holzbasilika in York, an deren Bau er selbst aktiv beteiligt gewesen sein will, sowie einen erdachten Lehrer und Erzbischof Ælberht von York, den es nie gegeben hat. Er schreibt 300 niemals abgeschickte irrelevante Briefe, nicht zuletzt ein Gedicht über einen fiktiven Überfall der Wikinger auf das Kloster Lindisfarne in 793 und eine darauf folgende unsinnige Wanderschaft von 297 Jahren der Mönche von Lindisfarne mit dem 698 exhumierten und in einen neuen Schrein umgebetteten Cuthbert kreuz und quer durch Nordhumbrien und vieles andere mehr.

Alkuin ist der erste angelsächsische Chronist, der unmittelbar nach der normannischen Eroberung die eingeschobene Phantomzeit, und zwar den Teil von 766 bis 804, mit Fälschungen füllt, die bisher noch nicht als solche erkannt sind, sondern als Realität angesehen werden.

Während des Mittelalters bleiben die imaginären Schriften Alkuins, wie auch sein Name, unbeachtet. Sein Gedicht über die Könige, Bischöfe und Heiligen von York wird erst im 17. Jh. in Frankreich wieder entdeckt und Alkuins Gesamtwerk wird zum ersten Mal in 1777 in Deutschland veröffentlicht.

Die Frage bleibt offen, wo die anderen Gedichte und die Prosawerke Alkuins überleben und wo auf dem Kontinent 190 Jahre nach dem offiziell erfolgten Einschub der 297 leeren Jahre die konventionelle Zeit noch nicht eingeführt ist, so dass Alkuin dort noch mitten in der Phantomzeit sterben kann? Oder geschieht das alles nur mit Hilfe und Tricks seiner Klosterbrüder, bei denen er nach der normannischen Eroberung Englands auf dem europäischen Kontinent Unterschlupf findet?

Warum datiert Beda weiter in die Phantomzeit?

Wie berichtet, datiert der nordhumbrische Chronist Beda in seiner *Historia Ecclesiastica Gentis Anglorum* nach dem Jahr 616 mit dem Jahr 617 weiter in die alte Inkarnations- oder Phantomzeit.

Man darf davon ausgehen, dass ihm der Einschub der 297 Leerjahre in die Chronologie bekannt ist und er weiß, dass nach 616 mit dem

Jahr 914 weiter datiert werden muss. Dafür gibt es Indizien, die ich schon genannt habe, zum Beispiel der Abbruch seiner Berichterstattung über Wessex, Lindisfarne und Cuthbert im 7. Jh. sowie das vollständige Schweigen über die Abtei Glastonbury und vor allem über das Kloster Durham, in dem schon im 7. Jh. der Zeitsprung vollzogen wird.

Beda wird um 675 geboren und stirbt 734/5, er lebt, stirbt und schreibt also in der alten Inkarnationszeit und braucht deshalb keine fiktiven Struktionen zur Füllung der Phantomzeit zu erfinden, sondern kann die Daten der schriftlichen Überlieferung, der mündlichen Tradition und seinem eigenen Erleben entnehmen. Bedas Chronik ist zwar in die nichtexistente Phantomzeit 616 bis 913 fehldatiert, aber sie entspricht den Personen und Begebenheiten der Nachphantomzeit ab 914.

Die *Historia Ecclesiastica* beendet Beda nach eigenen Angaben 731, drei oder vier Jahre vor seinem Tod. Möglicherweise bearbeitet er auch noch selbst die Rezension der Kirchengeschichte in 734.

Es stellt sich dem unvoreingenommenen Leser die Frage, warum der aus der Retrospektive schreibende Beda ab 617 weiter in die alte Inkarnationszeit datiert und die Phantomzeit nicht offen bekannt gibt. Als einen einsichtigen Grund kann man anführen, dass Beda die Kontinuität seiner Geschichtsschreibung in der *Historia Ecclesiastica Gentis Anglorum* nicht abrupt unterbrechen und zu einer anderen Datierung übergehen kann, ohne sein diesbezügliches Handeln zu begründen. Und genau das will beziehungsweise darf Beda nicht.

Die Quellen, die Beda zur Verfügung stehen, habe ich in dem Beitrag in Heft 1/2010 der *Zeitensprünge* ab S. 140 zusammengestellt. Als wichtigste Quelle nennt Beda den „in der Kirche von Canterbury von Erzbischof Theodor seligen Angedenkens und von Abt Hadrian ausgebildeten, sehr ehrwürdigen und in allem überaus gelehrten Abt Albinus“, den er als Urheber, Gewährsmann und Helfer bei diesem kleinen Werk, wie er die *Historia Ecclesiastica Gentis Anglorum* bescheiden nennt, bezeichnet. Diese Aussage bekräftigt Beda noch einmal mit dem Statement: „Überhaupt wurde ich vor allem durch die Aufforderung dieses Albinus veranlasst, es zu wagen, dieses Werk in Angriff zu nehmen“.

Daraus ist der außerordentliche Einfluss zu erkennen, den die Vertreter der Kirche auf Beda und seine Kirchengeschichte ausüben. Beda, der sein Kloster in Nordhumbrien niemals verlässt, berichtet weiter, dass die Nachrichten ihm in Briefen oder mündlichen Berichten durch den Bischof der Londoner Kirche Nothelm (ein späterer Erzbischof von Canterbury) übermittelt werden. Nothelm nimmt nicht nur öfter die für die damalige Zeit verhältnismäßig weite und beschwerliche Reise von London nach Jarrow in Kauf, sondern begibt sich sogar eigens nach Rom und recherchiert dort für Bedas Kirchengeschichte. Das heißt im Klartext, dass Canterbury und Rom (also Erzbischof und Papst) Beda aufoktroyieren, dass er die von Dionysius Exiguus 525 begründete christliche Zeitrechnung nicht unterbrechen darf, sondern mit dem Zusatz zu der Datierung „nach der Fleischwerdung des Herrn", die Beda als erster Chronist verwendet, noch nachdrücklich betonen soll und ihm zwingend vorgeben, was er schreiben darf oder verschweigen muss.

Dass Beda Lunte gerochen und bemerkt hat, dass die Phantomzeit verschwiegen werden soll, ist in seiner *Historia Ecclesiastica* unter der Bezeichnung „das wahre Gesetz der Geschichtsschreibung" zwischen den Zeilen nachzulesen (*ZS.* 1/2010, S. 142). Was Beda eventuell über den Einschub der Phantomzeit weiß oder nicht weiß, nimmt er als Geheimnis mit ins Grab.

Die von Beda in die Zeit nach 616 bis zu seinem Tod dokumentierten Geschehnisse und Personen sowie die voneinander unabhängigen Fortsetzungen von Bedas *Historia Ecclesiastica Gentis Anglorum* durch Alkuin und Simeon von Durham bis zum Jahr 766 sind nach dem Geschichtsverlauf in England fehldatiert und müssen, wie oben ausführlich berichtet, um rund drei Jahrhunderte nach vorn in das 10. bis 11, Jh. versetzt werden, was durch die These über das erfundene Mittelalter bestätigt wird. Das betrifft auch Caedmon, den einzigen namentlich bekannten muttersprachlichen Dichter der Angelsachsen, für den Beda die erste und einzige Quelle ist. Beda widmet dem durch göttliche Erleuchtung vom Viehhirten zum angelsächsischen Poeten gewandelten Caedmon, seinem Leben im nordhumbrischen Kloster Streaneshealh zur Zeit der Äbtissin Hild sowie der Komposition des Schöpfungshymnus ein ganzes Kapitel in seiner Kirchengeschichte.

Die Weiterführung von Bedas Kirchengeschichte

Die Gelehrten Alkuin von York und Simeon von Durham führen nach Bedas Tod die Fehldatierung weiter bis zum Jahr 766. Für Alkuin, der im Todesjahr Bedas geboren wird, ist das Motiv, noch drei Jahrzehnte weiter in die alte Inkarnationszeit zu datieren, das gleiche wie bei seinem Meister Beda. Alkuin muss die Geschichtsschreibung nach der Geburt Christi bewahren, weil ihm durch die zeitliche Nähe zu Beda und das kommunikative Gedächtnis seiner Zeitgenossen keine andere Wahl bleibt. Er beendet seine Fortschreibung mit dem Tod des Erzbischofs Egbert von York, dessen Amtsantritt in 732 noch in Bedas 734 rezensierter Kirchengeschichte dokumentiert wird. Alkuin ist der erste, der den Tod Egberts in 766 berichtet und ihn damit noch rechtzeitig sterben lässt, damit er nicht in die nachphantomzeitliche und nachnormannische Zeit übernommen werden muss. Egbert ist der letzte angelsächsische Erzbischof von York. Mit der normannischen Eroberung wird auch in York die Nachphantomzeit eingeführt und 1070 folgt mit dem Normannen Thomas von Bayeux Egberts Nachfolger im Erzbischofsamt.

Simeon von Durham wird in Nordhumbrien vor der normannischen Eroberung in die alte Inkarnationszeit hinein geboren. Er beginnt seine Ausbildung im Kloster in Jarrow, in dem auch Beda lebte und starb, und übersiedelt als noch unbekannter Klosterschüler oder junger Mönch mit seinen Klosterbrüdern, die alle ungenannt bleiben, nach der normannischen Eroberung von Jarrow nach Durham.

Mit dieser Umsiedlung springen die Klosterinsassen von Jarrow, wo noch in die alte Inkarnationszeit datiert wird, in die Nachphantomzeit, die schon seit spätestens 698/995 in Durham gilt und entgehen damit der in England verpflichtenden Regelung, ihr ganzes Leben lang in der alten Inkarnationszeit verbleiben zu müssen. In Durham schreibt Simeon aus der Retrospektive seine *Continuatio Bedae* als Abschluss der alten Inkarnationszeit und Übergang zur Nachphantomzeit.

Durch das eigene Erleben und das kommunikative Gedächtnis seiner Mitbrüder ist Simeon in der Lage, in der *Continuatio Bedae* die Annalen für Nordhumbrien von Bedas Tod bis zum Jahr 766 fortzuführen und die Dokumentation so zu arrangieren, dass darin das Ableben von 22 bereits von Beda genannten kirchlichen und weltlichen

Honoratioren berichtet wird, so dass keiner von Bedas Zeitgenossen in die mit der normannischen Eroberung eingeführte konventionelle Zeit übernommen werden muss. In der *Continuatio Bedae* bestätigt Simeon auch das bereits von Alkuin berichtete Hinscheiden des Erzbischofs Egbert von York in 766, vor allem aber den Tod des Bonifatius, über den er schreibt:

Im 754. Jahr wurde Bonifatius, der auch Winfried hieß, der Bischof der Franken, mit 53 Gefährten durch das Martyrium gekrönt; und an seiner Stelle wurde Hrethger (lat. Rehdgerus) von Papst Stephan zum Erzbischof geweiht.

Bonifatius wird in der *Continuatio Bedae* als „Bischof der Franken" bezeichnet, was er wirklich war, und nicht als „Erzbischof von Mainz", was er nur zum Schein war. Und bemerkenswert ist, dass nicht *Lul* als Nachfolger des Bonifatius im Amt des Erzbischofs genannt wird, wie nach der heute geltenden Lehrmeinung üblich, sondern Hrethger (lat. Rehdgerus), der unschwer als Heriger, der erste Mainzer Bischof nach der Phantomzeit (913–927) zu erkennen ist.

Um die von der Kirche geforderte Geheimhaltung der Phantomzeit zu bewahren, versucht Simeon die alte Inkarnationszeit, in die er noch hineingeboren wird, mit der nachnormannischen Zeit, in der er nach seinem Umzug nach Durham lebt, zu verbinden. Er übernimmt pflichtgemäß den Tod des Bonifatius in der alten Inkarnationszeit, in der dieser nach dem Gebot der Kirche für immer bleiben muss, bringt aber weder die Orte Mainz oder Fulda noch die zur Füllung der Phantomzeit erfundenen Vorgänger oder Nachfolger im Bischofsamt von Mainz mit Bonifatius in Verbindung und nennt vor allem nicht den fiktiven ***Lul,*** sondern überspringt mit dem Satz „und an seiner (Bonifatius') Stelle wurde Hrethger von Papst Stephanus zum Erzbischof geweiht" die phantomzeitliche Geschichtsschreibung.

Da es sich bei dem in der *Continuatio Bedae* bezeugten, von Papst Stephanus zum Nachfolger für Bonifatius geweihten Hrethger um den ersten Mainzer Erzbischof (913–927) nach der Phantomzeit handelt, zeigt diese Mitteilung, dass Simeon von Durham die Dauer der Phantomzeit genau kennt.

Dass Simeon das Todesjahr des Bonifatius mit 754 angibt, wie es von der herrschenden Lehre mittlerweile übernommen wird, und nicht mit 755, wie es nach dem Zeugnis der *Vita Bonifatii* von Willibald verbreitet wurde, bedarf gar keiner Erwähnung, da es ohnehin in die Nachphantomzeit übertragen werden muss. Nach der konventionellen Chronologie wird Bonifatius um 972/975 geboren und stirbt 1054.

Wie bereits oben erwähnt, schreibt Simeon von Durham, nach einer gebührenden Wartezeit von etwa sechs Jahrzehnten nach der normannischen Eroberung, im Jahr 1129 mit Hilfe von inzwischen erstellten Fälschungen seine eigene Geschichte über Nordhumbrien mit fiktiven Einlagen zur Füllung der Phantomzeit.

Nach der bisherigen Geschichtsschreibung wird Winfried Bonifatius etwa im gleichen Jahr wie Beda, allerdings nicht in Nordhumbrien, sondern in Wessex, in die Phantomzeit hinein geboren und erhält seine Ausbildung Ende des 7. Jhs. in der Benediktinerabtei zu Exeter, die nach der *Vita Dunstani* aber erst im 10. Jh. von Dunstan gegründet wird! Um 700 alter Inkarnations- oder Phantomzeit wird Winfried im Kloster in Nursling zum Priester geweiht, zieht in 718 im Alter von etwa fünfundvierzig Jahren zum ersten Mal nach Rom, muss danach seine letzten sechsunddreißig Lebensjahre in Germanien verbringen, um die inzwischen publik gewordene eingeschobene Phantomzeit zu vertuschen und darf deshalb nie mehr in seine Heimat nach Wessex in England zurückkehren.

Winfrieds erste Lebenshälfte in England

Die Geburt und Ausbildung des Winfried Bonifatius wird in der 770 von dem Mainzer Priester Willibald erstellten Biografie in das späte 7. Jh. gelegt und die Aktivitäten des Missionars in die erste Hälfte des folgenden 8. Jhs. Winfrieds Ort der Geburt wird erstmals im 14. Jh. von dem normannischen Bischof John Grandisson von Exeter (1327–1369) mit Crediton (Kirton) in Devonshire angegeben.

Nach der *Theologischen Realenzyklopädie*, VII, 69 erlernt Winfried in der Benediktinerabtei in Exeter als *puer oblatus* unter Abt Wulfhard die elementaren Kulturtechniken. Um 700 wechselt Winfried zu dem von Abt Winberht geleiteten Kloster in Nursling (Nhutscelle) in der Nähe von Southampton und wird im kanonischen Alter von etwa 30 Jahren zum Priester geweiht.

Dass er seine erste Ausbildung in Exeter erwirbt und nicht bei einem Bischof in seinem Heimatort, ist eine Bestätigung dafür, dass der fiktive Bischofssitz in Crediton rückwirkend nach der normannischen Eroberung zur Fälschung des Lebenslaufes von Bischof Leofric von Exeter erfunden wurde.

Durch seine Teilnahme als junger Priester in maßgeblicher Funktion an dem Treffen des Rats der Weisen am 15. 10. 705 in Brentford bei London steht auch für ihn fest, dass er, wie Aldhelm, Alkuin und viele andere Personen und Ereignisse in England, für immer in der alten Inkarnationszeit bleiben muss und nicht – nach dem Einschub der 297 Jahre Phantomzeit – in das 10./11. Jh. gesetzt werden darf, obwohl im Jahr 705, in dem die Zusammenkunft des *Witenagemots* stattfindet, die Nachphantomzeit in Teilen Englands, wie in Durham und Wessex, schon wirksam ist und in verschiedenen anderen Orten Englands nach und nach eingeführt wird.

Der nordhumbrische Chronist Beda berichtet ab dem 8. Jh. in seiner Kirchengeschichte nur noch sporadisch über die Vorgänge im Süden Englands. Die angelsächsische Institution des *Witenagemots* wird von Beda überhaupt nicht genannt und daher auch nicht deren Treffen in Brentford bei London in 705. Auch den mit Beda etwa gleichaltrigen Winfried Bonifatius und dessen frühe Aktivitäten in England und später in Germanien werden von Beda mit keinem Wort erwähnt. Erst in der von Simeon von Durham erstellten *Continuatio Bedae*, der Fortsetzung der Kirchengeschichte des englischen Volkes, wird der Tod des Bonifatius mit dem gültigen Todesjahr 754 vermeldet.

Nach der erfolgreichen Ausführung des ihm auf dem Treffen des Rats der Weisen übertragenen verantwortungsvollen Auftrags als Sprecher der Delegation, die das Ergebnis dem Erzbischof von Canterbury überbringt, widmet Winfried sich elf Jahre lang dem Ausbau der Klosterschule in Nursling. Eine ihm zugeschriebene Grammatik entsteht in dieser Zeit, in der von einem öffentlichen Auftreten Winfrieds nichts bekannt ist. Berichte über weitere Zusammenkünfte des *Witenagemots* werden erst ab dem 11. Jh. überliefert.

Die Kleriker halten an den Vereinbarungen des *Witenagemots* fest. Die Angst vor Interdiktion und angedrohten Qualen des Fegefeuers sichern der römischen Kirche den unverbrüchlichen Zusammenhalt ihrer Mitglieder und den Siegeszug zwischen Antike und Mittelalter mit dem Sprung über die eingeschobene Phantomzeit, die bis in unsere Zeit erfolgreich geheim gehalten werden kann. Bis zum heutigen Tag haben sich weder maßgebliche Kirchenvertreter noch der heilige Stuhl in Rom zu der These über das erfundene Mittelalter geäußert.

Im Jahr 716 alter Inkarnationszeit schifft sich Winfried zum ersten Mal in Richtung Friesland ein. Was veranlasst Winfried zur Reise auf den Kontinent? Ein Grund dafür wird explizit nicht genannt. Man unterstellt als Motiv für die Überfahrt selbstredend die im Zug der Zeit liegende Heidenmission und die sich durch die Nähe des Hafens bietende Gelegenheit. Allerdings gibt es auch einen anderen Plan, den Winfried zwei Jahre später verwirklicht.

Aus Winfried wird Bonifatius

Zunächst kehrt Winfried wieder in sein Kloster in England zurück, weil in Friesland kriegsähnliche Zustände mit Revolten gegen die fränkische Oberherrschaft herrschen, die eine Mission unmöglich machen. Die Wahl zum Abt von Nursling nach dem Tod von Winberht kann Winfried nicht annehmen, da abzusehen ist, dass die Einführung der Nachphantomzeit, in die Winfried nicht übernommen werden darf, auch vor seinem Kloster in Nursling nicht halt machen wird. Er muss deshalb fadenscheinige Gründe für seine Weigerung, das Amt des Abts von Nursling zu übernehmen, anführen.

Mit einem Empfehlungsschreiben des mit ihm befreundeten Bischofs Daniel von Winchester ausgestattet, unternimmt Winfried 718 seine erste Reise nach Rom. Winfried verlässt England, weil es ihn bedrückt und sein Gewissen belastet, dass er den Zeiteinschub in die Chronologie, der überall um ihn herum wirksam wird, wie in Durham und Wessex, nicht offen bekennen und an ihm teilhaben darf, sondern in der Vorphantomzeit verbleiben muss, was seinen Karriereaufstieg in England verhindert. Er will in dieser Frage in Rom intervenieren, hat aber keinen Erfolg.

Papst Gregor II. (715–11. 2. 731) bleibt hart und versichert sich seiner kirchengesetzlichen Treue mit der Verleihung des sprechenden Namens *Bonifatius* und der ihm am 15. Mai 719 zuteil werdenden Ernennung zum *Missionar unter den Heiden.* Dass diese eigens für Bonifatius erfundene Auszeichnung, die ihm in der Neuzeit den Titel „Apostel der Deutschen" einbringt, nur eine leere Phrase darstellt, beweisen die vielen bereits auf dem Festland ohne eine ausdrückliche Ermächtigung des Papstes wirkenden englischen Missionare.

Mit diesem dürftigen Erfolg kehrt Winfried Bonifatius über die Alpen und durch Bayern nach Thüringen zurück. Nach der Überlieferung in der *Vita Bonifatii* zieht es ihn rheinabwärts nach Utrecht zu seinem Landsmann Willibrord, der seinerseits als einer der ersten in England geborenen und ausgebildeten angelsächsischen Priester in einer Staffel von insgesamt zwölf Missionaren um 690 auf das Festland kommt, rund 15 Jahre vor dem Treffen des *Witenagemots* in Brentford.

Erzbischof Willibrord von Friesland

Nach ihrer Ankunft machen Willibrord und seine Gefährten einen Umweg zum *Dux Francorum* Pippinus (Pippin II.), der sie bereitwillig aufnimmt und nach Westfriesland schickt, das er kurz vorher, nach der Vertreibung von König Radbod, besetzt hat. Der Hausmeier der Franken Pippin unterstützt die Missionare mit der Autorität des Herrschers, damit ihnen nicht irgendeiner ein Leid zufügt und verspricht denen, die den Glauben annehmen, viele Vergünstigungen (Beda, V/10, S. 496).

Nach jahrelanger Predigt der Missionare schickt Pippin mit Gunst und Zustimmung aller Männer den ehrwürdigen Willibrord nach Rom mit der Bitte an Papst Sergius I., Willibrord zum Erzbischof des Stammes der Friesen zu weihen, was auf Wunsch Willibrords im 696. Jahr nach der Fleischwerdung des Herrn, nachdem er den Namen Clemens erhalten hat, in der Kirche der heiligen Märtyrerin Caecilia an deren Geburtstag geschieht (Beda V/10 und 11, S. 456–462).

Nachdem Bonifatius von 719–722 erfolgreich mit Willibrord in Friesland missioniert, viele Gläubige für den Herrn gewonnen, Heidentempel zerstört und Oratorien (christliche Gebetshäuser) gebaut hat, bietet ihm Erzbischof Willibrord wegen seines fortgeschrittenen Alters (er stirbt 739 mit 81 Jahren in dem von ihm gegründeten Kloster Echternach) das Amt eines Bischofs an, aber Bonifatius lehnt sofort in hoher Demut ab. Er argumentiert, dass er des Bischofsamtes durchaus nicht würdig sei und bittet, man möchte ihm eine so hohe Würde nicht übertragen, weil er noch in den nötigen Jahren stehe. Ja, er erfindet sogar die Ausrede, dass nach den Vorschriften des Kirchenrechts für die Bischofsweihe das fünfzigste Lebensjahr erforderlich sei, das er noch nicht ereicht habe, eine Bestimmung, die nach abendländischen Quellen nicht zu belegen ist (*Vita Bonifatii,* Kap. 5, S. 486).

Willibald berichtet weiter, dass sich in der Folge ein langes Hin und Her der Worte zwischen Willibrord und Bonifatius entspinnt, bei dem es dem unermüdlich argumentierenden Erzbischof nicht gelingt, Bonifatius zur Übernahme des angebotenen Bischofsamtes zu bewegen, weil sich Bonifatius mit allen möglichen Entschuldigungen und Weigerungen der Übernahme dieses hohen Amts zu entziehen versucht. In der abschließenden Entschuldigungsrede legt Bonifatius dem Erzbischof die Gründe dar, **die aber nicht genannt werden,** und endet: „Deshalb wage ich auch nicht, ohne vom apostolischen Stuhle Rat einzuholen und ohne dessen ausdrücklichen Befehl die Weihe zu einer so hohen Stelle zu übernehmen. Ich beschwöre dich also, **da ich durch des eigenen Gelübdes Bande gefesselt bin,** mich zu den Landen, zu denen mich der heilige Stuhl zuerst sandte, ziehen zu lassen". Der Biograf Willibald fährt fort: „Als der heilige Mann (Willibrord) nun den Inhalt seines so **bedeutenden Gelübdes** vernommen hat, erteilt er ihm sofort seinen Segen und die Erlaubnis der Abreise".

Diese in der 770 erstellten *Vita Bonifatii* dokumentierte Unterredung zwischen Erzbischof Willibrord und Bonifatius ist schon von so vielen Leuten gelesen und in die Kultursprachen übersetzt worden, aber bis heute hat noch keiner hinterfragt oder zu erklären versucht, um was es sich bei dem **bedeutenden Gelübde** des Bonifatius handelt, so dass es höchste Zeit wird, diese Frage einmal zu stellen. Wie sich unschwer erschließen lässt, ist es die Regelung, an der Winfried selbst in nicht unerheblichem Maß mitgearbeitet hat und nach der er sein ganzes Leben – **wie auch Aldhelm, Alkuin und viele andere Zeitgenossen aus England** – in der nicht existenten Phantomzeit bleiben muss.

Als der um 658 in Nordhumbrien geborene Willibrord als junger Priester vor dem Jahr 690 nach Friesland kommt und dort seine Missionstätigkeit beginnt, ist in England oder Germanien von der eingeschobenen Phantomzeit noch keine Rede. Der noch in der alten Inkarnationszeit lebende Bischof von Lindisfarne Cuthbert ist wenige Jahre vorher gestorben und wird erst acht Jahre später exhumiert und nach Durham in die Nachphantomzeit überführt. Der Rat der Weisen wird erst fünfzehn Jahre später nach Brentford bei London einberufen, um dem durch den „unerwarteten Ausbruch einer Empörung und einem dadurch ausgelösten Gefahr drohenden Zustand" zu begegnen und die *Vita S. Dunstani* liegt erst siebzehn Jahre später in Frankreich vor. Da vom Klerus über die Phantomzeit strengstes Stillschweigen bewahrt werden muss und nur mit Umschreibungen berichtet werden darf, sind nur die Insider darüber eingeweiht und keine Kunde davon dringt nach außen, so dass Erzbischof Willibrord erst in der Beichte des Bonifatius das Geheimnis erfährt.

Willibrord lässt Bonifatius ziehen. Der ist ab 722 wieder in Hessen und schickt den anderweitig nicht bekannten Bynna nach Rom zur streng geheim gehaltenen Berichterstattung. Der Biograf berichtet, dass Bonifatius in dem von Bynna als Antwort überbrachten Schreiben eine Einladung des Papstes erkennen will und in dem Bestreben, sich gehorsam zu erweisen, in zahlreicher Gefolgschaft, umgeben von einer Schar Brüder, sich durch Franken und Burgund über den Großen St. Bernhard zum zweiten Mal nach Rom begibt, wo er nach eingehenden Befragungen und Gesprächen mit dem Papst am 30. November 722 zum Bischof ohne einen festen Wohnsitz geweiht wird (*Vita*, S. 489). Der Missionsbericht des Bonifatius, den Bynna nach Rom bringt, und das Antwortschreiben des Papstes mit der (angeblichen) Einladung sind nach einer Fußnote Raus nicht erhalten.

Selbstverständlich hat Bonifatius nicht die Absicht, sich in Rom zum Bischof weihen zu lassen. Das stünde ja auch im Widerspruch zu der entschiedenen Ablehnung des Angebots von Erzbischof Willibrord. Vielmehr dient die zweite Romreise des Bonifatius abermals dem Versuch, sich von dem Bann, für immer in der Phantomzeit bleiben zu müssen, lossprechen zu lassen, was ihm aber nicht gelingt, so dass er in dieser Frage erneut erfolglos zurückkehren muss.

Bonifatius kann sich nicht noch einmal zu Willibrord begeben, der jetzt sein Geheimnis kennt, und er kann auch nicht nach Wessex in die Nachphantomzeit zurückkehren. Seine missliche Lage beschreibt Willibald mit dem Satz: „Und obschon er anfangs den Mangel und die Not dieser Welt in großem Maße ertragen musste, und durch mannigfache

Drangsal und Nöte gehemmt war, streute er doch des göttlichen Wortes Samen weiter aus". Der umtriebige Bischof ohne einen festen Wohnsitz lässt sich also nicht unterkriegen und missioniert weiter in Hessen, später auch in Thüringen, vervielfältigt die Menge der Gläubigen und Prediger und gründet die Klöster Orthorpf, Amöneburg und Fritzlar. Als spektakulärstes Ereignis fällt in diese Zeit die Fällung der ungeheuren „**Donner**eiche" in Gaesmere (Geismar bei Fritzlar in Hessen), die nach Willibald mit ihrem alten heidnischen Namen „Eiche des Jupiters" genannt wird. Daraus geht hervor, dass diese Eiche nicht dem heidnisch-germanischen Gott Donar geweiht ist, wie oft fälschlich übermittelt wird, sondern dem Gott Thor, dem germanischen Äquivalent zu dem römischen Jupiter, die beide für den Donner verantwortlich sind. Aus dem Holz dieser Eiche baut Bonifatius ein dem heiligen Apostel Petrus geweihtes kleines Gotteshaus.

Willibald schreibt weiter, dass der Ruf der Predigt des Bonifatius ruchbar wird und so sehr wächst, dass sein Name schon im größten Teil Europas widerhallt und zu ihm aus den Landen Britanniens eine große Anzahl Gottesdiener, Lehrer und Schreiber zusammenströmen, sich als Mönche seiner Leitung unterordnen, weit und breit an vielen Orten in Hessen und Thüringen predigen und das Volk von den unheiligen Abwegen des Heidentums zurückrufen.

Das ist eine plausible Erklärung für viele meist ungenannte Mönche und Nonnen, die England auf der Flucht vor der immer mehr um sich greifenden Einführung und dem Wirksamwerden der Phantomzeit verlassen, um in Hessen und Thüringen, wo noch nach der alten Inkarnationszeit datiert wird, das kirchliche Gebot zum Verschweigen der 297 eingeschobenen leeren Jahre zu befolgen. Aus diesem Zuzug rekrutiert Bonifatius geeignete Kirchenleute, die er als Priester, Bischöfe oder Äbte in den von ihm gegründeten Bischofssitzen und Klöstern einsetzt, wie beispielsweise den mit seinem Biografen gleichnamigen aber nicht identischen Bischof Willibald von Eichstätt.

Bonifatius wird Erzbischof

Nachdem Papst Gregor II. am 11. Februar 731 gestorben ist, sendet Bonifatius gemäß der *Vita Bonifatii* wiederum Boten nach Rom, die den am 18. März 731 geweihten Bischof des apostolischen Stuhls Gregor III. begrüßen und das Zeugnis der früheren engen Freundschaft zwischen Gregor II. und Bonifatius vorlegen.

Der neue Papst erteilt den Boten eine gnädige Antwort, versichert sie der engen Gemeinschaft und Freundschaft des apostolischen Stuhles, ja er verleiht dem in Germanien (immer noch ohne einen festen Wohnsitz) missionierenden Bischof Bonifatius das erzbischöfliche Pallium und schickt die Gesandten damit und mit Geschenken und verschiedenen Reliquien der Heiligen ehrenvoll in die Heimat zurück.

Damit erkauft sich der neue Papst die demutsvolle Unterwürfigkeit und Ergebenheit des Bonifatius, der in frommer Unterordnung auch fernerhin der Freundschaft und Gemeinschaft des heiligen Bischofs teilhaftig bleibt, und der apostolische Stuhl kann das Geheimnis der Phantomzeit auch fürderhin bewahren. Bonifatius wird auch von Papst Gregor III. nicht von dem Bann befreit. Er muss weiterhin in der Phantomzeit bleiben und darf nicht mehr nach England zurückkehren. In einer Fußnote schreibt Rau, dass das Schreiben des Papstes Gregorius III. an Bonifatius anlässlich der Übersendung des Palliums als Brief 28 (umdatiert) erhalten ist.

Bonifatius wird angeblich Erzbischof von Mainz

Die römische Gründung Mainz wird durch den Handel und Wandel mit Rom schon früh mit dem Christentum bekannt. Bei der historischen Aufarbeitung im 12. Jh. erstehen für die Jahre von 80 bis 350 nach Christus aus dem Dunkel der Kirchengeschichte 19 legendäre Mainzer Bischöfe in Folge, die sonst nicht genannt werden und deren Existenz unwahrscheinlich ist.

Für die Jahre nach 350 werden noch lückenhaft acht Mainzer Bischofsnamen in verschiedenen Quellen aufgeführt, darunter – in einer ursprünglich im 11. Jh. in Fulda erstellten Liste – *Aurelius* als der erste Mainzer Bischof für die Jahre vor 406 bis 436 und *Siegbert* als Bischof von Mainz für die Zeit von 587/89 bis 610/12. Mit Bischof Siegbert ist die von Illig etablierte Phantomzeit mit einer Diskrepanz von zwei Jahren erreicht. Die danach genannten Mainzer Bischöfe, beginnend mit dem von Fredegar erwähnten *Leudegasius* (nach 612) bis zu Hatto I. (831–913), sind Erfindungen zur Füllung der Phantomzeit.

Gut verpackt in dieser Gruppe der Phantomzeitbischöfe ist der Missionar und Bischof der Franken Bonifatius, der durch den von ihm selbst mitgetragenen Beschluss des Rats der Weisen von 705 in Brentford bei London zwangsweise lebenslang in der Phantomzeit bleiben und auch darin sterben muss, wie oben dokumentiert.

Nach der Überlieferung in der von Willibald erstellten *Vita* wird Bonifatius 747, mitten in der Illig'schen Phantomzeit, Erzbischof von Mainz. Eine Erzdiözese ohne einen Dom ist für mich undenkbar. Aber ein Dom in Mainz, der erst 1009 erbaut wird, darf zur Zeit des Bonifatius noch nicht existent sein, obwohl das Jahr 747 vor dem Einschub der Phantomzeit die gleiche Zeit ist wie das Jahr 1044 nach der Phantomzeit, der Mainzer Dom also zu diesem Zeitpunkt schon seit mindestens fünfunddreißig Jahren existiert. Der Dom darf aber nicht in Verbindung mit Bonifatius genannt werden, um das sorgsam gehütete Geheimnis über die Phantomzeit nicht zu enthüllen.

Etwa sechs Jahre nach seiner Ernennung zum Erzbischof von Mainz überträgt Bonifatius das Amt auf seinen Schüler Lul. Das ist nach dem Kirchenrecht nicht vorgesehen und auch nicht statthaft, da ein Erzbischof nur durch die Übersendung des Palliums durch den Papst ernannt werden kann. Aber wen kümmert das? Die Ernennung Luls zu seinem Nachfolger wird damit begründet, dass sich Bonifatius im Alter von etwa achtzig Jahren mit 53 Begleitern noch einmal auf eine Missionsreise nach Friesland begibt!

Was soll ein derartiges Unternehmen für einen Sinn haben für den altersschwachen Erzbischof Bonifatius, der sich schon rund zehn Jahre vorher sein Mausoleum in Fulda schuf? Darauf gibt es nur eine Antwort. Die schöne Geschichte über die angebliche Missionsreise und den Märtyrertod in Holland, die Ernennung Luls zu seinem Nachfolger – höchstens als Bischof – wird nur erfunden, damit Bonifatius im 8. Jh. bleibt.

Weil in Mainz schon mindestens seit der Erbauung des Doms in 1009 in die Nachphantomzeit datiert wird, darf der Tod des Bonifatius nicht in Mainz dokumentiert werden, sondern auf einer eigens zu diesem Zweck inszenierten Missionsreise, die so spektakulär ist, dass sie sich für immer gut einprägt. Der Erzbischof Bonifatius darf auch keinesfalls in dem Mainzer Dom bestattet werden, weil es den ja noch nicht geben darf, sondern in einem – in weiser Voraussicht – etwa zehn Jahre vor seinem Tod gegründeten und im Voraus zu seinem Begräbnisort bestimmten Kloster in Fulda, wo noch nach der Zeit vor dem Einschub der Phantomzeit gerechnet wird. Das geschieht selbstverständlich alles im Einvernehmen und nach Absprache mit Rom und nur aus dem Grund, dass die Phantomzeit verschwiegen werden kann. So ein Aufwand!

Nachdem mit der Gründung des Klosters Fulda und der Bestimmung als Begräbnisstätte, das Verbleiben des Bonifatius im 8. Jh. gesichert ist, kann Bonifatius einige Jahre später pro forma als Erzbischof von Mainz eingesetzt werden, einfach so, nur durch die Übersendung des Palliums durch Boten, ohne Feierlichkeiten im Dom. Und der (angebliche) Erzbischof genießt das Privileg, einen Nachfolger in seinem Amt zu bestimmen und sich mit ungefähr einem halben Hundert fiktiven Gefährten auf eine legendäre Missionsreise zu begeben, alles mitten in der Phantomzeit. Dass diese Geschichte erfunden ist, muss jedem einleuchten, auch wenn sie noch so oft wiederholt und mit weiteren Einzelheiten ausgeschmückt wird. Der Zweck dieser Erfindung dient ausschließlich der Vertuschung der Phantomzeit.

Mit der Fiktion über Bonifatius' letzte Missionsreise nach Friesland und seine Ermordung in Dokkum am 5. Juni 754, nach den ersten Quellen der Neuzeit erst 755, erübrigt sich nicht nur die punktgenau errechnete Eilüberführung des toten Bonifatius auf dem Seeweg nach Mainz, sondern auch die in diesem Zusammenhang von Roland Welcker gestellte Frage, warum die Schiffsreise nicht bis Hanau weiter geführt wird, um eine günstigere Voraussetzung für den Weitertransport über Land zu schaffen (*ZS.* 2/2005, S. 395–404).

Nachdem Bonifatius das Zeitliche segnet, beginnt der Transport des Leichnams in Mainz und führt, was ja plausibel erscheint, an den ehemaligen Wirkungsstätten vorbei über den 2004 geschaffenen *Bonifatius Wanderweg* nach Fulda, den Roland Welcker beschreibt. Bei der Bewertung müssen die Kriterien und der Standard des 11. Jhs. der Realzeit zugrunde gelegt werden, obwohl es die gleiche Zeit ist wie das phantomzeitliche 8. Jh.

Literaturverzeichnis

Allott, Stephan (1974): Alcuin of York – his life and letters, York

Beaufort, Jan (2004): *Online-Beitrag vom 17. Februar 2004, in der Gruppe de.sci.geschichte eingestellt,* mir am 29.01.2009 von Herrn Beaufort übermittelt

Beda Venerabilis (731/4): *Historia Ecclesiastica Gentis Anglorum,* verschiedene Ausgaben, siehe Spitzbart

Bullough, Donald (1965): *The age of Charlemagne,* London, in der übersetzt aus dem Englischen von Ursula Heilmann (1966): *Karl der Grosse seine Zeit,* Wiesbaden

Campbell, A. (1953): *Some Linguistic Features of Early Anglo-Latin Verse and its use of Classical Models* in: *Transactions of the Philological Society göttliche Komödie, Divina Commedia,* Übersetzung von Ida und Walther von Wartburg, Zürich

Dante, Alighieri (1962): *Die göttliche Komödie, Divina Commedia*

Dümmler, E. (Hg, 1881): *Versus de Patribus Regibus et Sanctis Euboricensis Ecclesiae,* MGH PLAC, S. 169–206, Berlin

Ebrard, Johann (1882): *Bonifatius, der Zerstörer des Columbanischen Kirchentums auf dem Festland,* Gütersloh

Fletcher, Richard (1989): „Alcuin" in: *Who's Who in Anglo-Saxon England,* S. 106–108, London

Froben, Frobenius (1777): *Poema de Pontificibus et Sanctis Ecclesiae Eboracensis,* S. 242–258, Regensburg

Gale, Thomas (Hg. 1691): *Historiae Britannicae, Saxonicae, Anglo Danicae Scriptores* XV, S. 703–732, Oxford

Goodman, Peter (Hg, 1982): Alcuin, *The Bishops, Kings and Saints of York,* Oxford Medieval Texts, Oxford

Hahn, Heinrich (1880): Die *Continuatio Bedae,* ihre vermutlichen Verfasser und die Einsiedler Balthere und Echa: Forschungen zur Geschichte, Band 20, S. 553–569, Göttingen

Harrison, Kenneth (1967): *The Pre-Conquest Churches of York, with an Appendix on eight-century Northumbrian annals,* 4, S. 232–249

Illig, Heribert (1996): *Das erfundene Mittelalter,* Darmstadt

Jaffé, Philipp (1866): *Bibliotheca rerum germanicarum,* Band 3. Die Briefe des Bonifatius, Berlin

Klopsch, Paul (1967): *Anonymität und Selbstnennung mittellateinischer Autoren,* Mitteillateinisches Jahrbuch 4, S. 9–25

Laszlo, Renate (1996): *Arthur, Dux Bellorum Britanniae,* Marburg

– (2006): *Rätselhafte Zeitsprünge in England,* ZS. 18/3, S. 677–691

– (2007): In England gehen die Uhren anders, Teil I/II, *ZS.* 19/3, S. 687–716 und 20/1 S. 163–192

– (2008): *Dunstan, erster Abt der englischen Nation. Über das Alter der Kirche von Glastonbury,* ZS. 20/2, S. 434–446

– (2009a): *Runeninschrift und Weinfassrätsel,* ZS. 21/1 S. 168–193

– (2009b): *Der englische Chronist Aethelweard. Neues über die Phantomzeit,* ZS. 21/2, S. 677–692

– (2010): *Der ehrwürdige Beda und der heilige Cuthbert,* ZS. 22/1, S. 137–162

Mabillon, Jean (1672): *Fragmentum Historiae de Pontificibus et Sanctis Ecclesiae Eboracensis Scriptae a Poeta anonymo, Ælberti Episcopi discipulo circiter annum DCCLXXXV, AASSOSB* (*Acta Sanctorum Ordinis Sancti Benedicti*) saeculum III, Pars II, pp. 558–569, Paris

Philips, Derek (1975): *Excavations of York Minster* (1867–1975): Friends of York Minster 45th Annual Report, S. 19–25

Rau, Reinhold (Bearbeiter und Übersetzer (1968): Briefe des Bonifatius und Willibalds Leben des Bonifatius nebst einigen zeitgenössischen Dokumenten, (*Bonifatii Epistulae – Willibaldi Vita Bonifatii*), Darmstadt

San-Marte (1844): *Nennius und Gildas ad fidem Codicum Manuscriptorum recensuit* Josephus Stevenson, London: II Gildas, *De excidio Britanniae* mit Vorrede von Stevenson, Praefatio, Historia, Epistola (Auszüge), Vita S. Gilda, Prologia, Apologia, Capituli libri sequentis, Berlin

Scott, Emmet (2014): *Guide to the Phantom Dark Age,* Algora Publishing, New York

Seiters 1845: *Bonifatius, der Apostel der Deutschen,* Mainz

Spitzbart, Günter (Hg, und Übers. 1997): Beda der Ehrwürdige, *Kirchengeschichte des englischen Volkes,* Darmstadt

Stubbs, William (1874): *Memorials of Saint Dunstan,* Archbishop of Canterbury, London (Rolls Series 63)

Theologische Realenzyklopädie *TRE* (1977–2004), Berlin

Wattenbach, Wilh. (1873): *De Pontificibus Ecclesiae Eboracensis Carmen, Monumenta Alcuiniana,* ed. P, Jaffé ,W. Wattenbach und E. Dümmler, *Bibliotheca Rerum Germanicarum,* VI, 80–131, Berlin

Welker, Roland (2005): *Der tote Bonifaz reist nach Fulda,* (*ZS.* 2/2005, S. 395–404).

Werner, A. (1875): *Bonifatius, der Apostel der Deutschen und die Romanisierung von Mitteleuropa,* Leipzig

Zeitfracht Medien GmbH
Ferdinand-Jühlke-Straße 7
99095 Erfurt, Deutschland
produktsicherheit@kolibri360.de